寛仁親王・工藤美代子

皇族の「公《おおやけ》」と「私《わたくし》」

思い出の人、思い出の時

PHP

まえがき

寛《とも》仁《ひと》親《しん》王《のう》

ＰＨＰ研究所から、昨年一年間一〇回に分けて連載した対談集を本にするために、私と工藤女史が各々「まえがき」と「あとがき」を書いてまとめてみたいとの依頼があり、すでに発表した文章が本になるのは、「まあ、いいか！」と軽く引き受けたのが大失敗の始まりでした。

「まえがき」として書きはじめたものの、本文であまり触れていなかったトルコ共和国での発掘現場の隣接地に研究棟一式を建設するための募金委員会のことや、本業の福祉ももう少しくわしく説明したかったので、取り掛かったらなかなか筆が止まらなくなり、編集部からは「少し長めのまえがきをお願いします！」といわれてはいたものの、長めというより「長い長い物語風まえがき」になってしまいました。そこで「どうしたものか？」と相談したところ、「おっしゃるとおり長すぎますから、この文章は終章に持ってきて、新しいまえがきを書いてください！　字数はおおむね八〇〇〇字でお願いします」といわれたときは吃驚《びっくり》仰天《ぎょうてん》して、またまた長いまえがきになってしまいますから、「ちょっと変ではないですか？」と注文をつけたら、「三〇〇〇字以内で」ということになって、ようやく本物の「まえがき」を書くことになりました。

工藤美代子女史とは、女史の「あとがき」にも書いておられますが、私の癌の主治医が紹介してくださったクリニックでお目に掛かり、そのクリニックでセラピィのことを語り合うはずが一度も触れることなく、オリンピックの出会いから、女史が力を入れて調査しておられた貞明《ていめい》皇后の話で盛り上がり、ついには「貞明様を知っているのは私の両親だけですし、とくに母は貞明様に可愛がっていただいて尊敬していますから、二人から話をお聞きになるのが一番ですよ！」ということになり、女史は半信半疑のようでしたが、数週間後には両親に架電をして、「これこれこういうことで貞明様の本を書いている人がいるから、一番よく知っている親父とお袋が、記録としても貴重なものになるだろうから協力してあげてくださいよ！」と頼んだところ、メディアなどには引っ込みがちな母がいとも簡単に父と話に乗ってくれましたので、仲介屋としての私の面子《メンツ》はつぶれずに済みました。

それが立派な『母宮貞明皇后とその時代——三笠宮両殿下が語る思い出』（中央公論新社）として完成したのはまことに嬉しいことでした。このような経緯があって工藤女史と親しくなり、ＰＨＰ研究所発行の『ヴォイス』に一年間のインタヴュー連載が決まったわけです。九・一〇・一一回と三度にわたる癌の手術で三カ月入院することになりましたので、一年分一二回のところが一〇回になってしまったのはいささか残念ですが、前述の「まえがき」変じて「補筆」が載ることになったので、ほぼ私の半生に生じた出来事や言いたいこと、聞いてほしいことは網羅したと思います。

昭和・平成を通じて、生の声・自分の文章・実際の行動としてマスメディアに登場したのは、たぶん私が一番多いと思います（聞屋《ぶんや》さんに書かれてしまっている皇族は別として）。この心は、「皇室・皇族を正しく見て聴いて、ある場合には行動を共にして（本文に出てくる視診・問診・触診と同じ）実像を体験した後に判断をしてほしい！」ということに尽きます。

高等科のころ、皇族は一六人（当時）しかいないことに愕然《がくぜん》として、そのなかでも私を真に理解してくださっているのは数人という状態だと気がついたときから、私のほんとうの仲間づくりの発想が芽生えはじめました。級友たちは、全国的に見れば同業者というのはどんな職種でもごまんといるわけですから心強かったと思いますが、私の場合はほんとうに困ったと思いました。

この発想は、たんに同業者が少ないことのみならず、皇族を真に理解してくれる人が少ないということにもつながりますから、私は大いに心配をしたのです。

たとえば政府が皇族の存在の有無をアンケート調査したと仮定してみた場合、ほとんどの国民が何も知識がないのに○×式で不必要の×と書いたり、どちらでも良いという△にしたら、たまったものではないと大真面目《おおまじめ》に考えたものです。

このとき以来、高松伯父様とご相談して、積極的にマスメディアにもまともな番組・紙面・インタヴュー等々でありさえすれば出て、書いて、答えるスポークスマン役と称して、皇族唯一の現場監督を引き受けることにしたのです。

その心は、私の発言・文章・行動等を通して皇族の正しい姿を理解してもらいたいからでした。別の言い方をすれば、記者会見のような堅苦しい紋切り型の、腰の引けた取材でなく、より皇族の実態を赤裸々（限りはありますが）に知ってもらい、良し悪しの評価を国民にしてもらいたかったからです。

私は古くから、皇族・皇室というものは能動態でなく、つねに受動態でなければいけないと信じて生きてきました。あくまでも国民が要求するもののなかから確実にお国の役に立つものを取捨選択して実行することが大事であり、われわれが先頭に立って軍団を引率し、何かを為すということはあり得ないことと思ってきました。

したがってスポークスマン役も、当方から出ていくのではなく、要求のあったもののなかから良いものを選択するというのが私のポリシィでした。

ラジオのＤＪ（ディスクジョッキー）を依頼されたときはずいぶん悩みましたが、ディレクターが頭の良い男で、「殿下が長い時間かけて全国で展開されてきた現場監督のお仕事の数々は立派ですが、そういう場に出られない三交替制の看護婦さんや、受験勉強中の生徒たち、あるいは夜の工事現場の人たちは、一度も殿下の肉声を聞いたことがないと思いますから、ぜひそういう人々にも話をしてやってください！」という殺し文句で口説《くど》かれ、私はコロリとまいって「お説ごもっとも！」といって話に乗りました。

ディレクターは定期的な出演も考えていたみたいですが、私は断固反対して、「ＤＪは確立した職業で国民のためにあるものだから、一度だけやってみるけど、皇族の名前でそこに割り込むことはしないほうがよい！」といって、一回こっきりでＤＪは止めました。しかしながらディレクターがいったように、後刻判明したことですが、全国のじつに多くの人々が私のＤＪを聞いてくれていたことが次々に判ったときは、とても嬉しくなりました。「あのＤＪで初めて皇族のことを考えるようになりました！」という主旨の答えがほとんどでしたから、私のスポークスマン業は大成功したわけです。

したがいまして、今回のＰＨＰ研究所からのご依頼も同じ線上にある企画ということで、工藤女史との対談に踏み切りました。

この一冊のなかに書かれている私の意見と工藤女史の意見を素直に受け取って、わが国の皇室と寛仁親王という皇族の発言から、いくらかなりとも二千六百六十九年一二五代続いた、世界で唯一無二の素晴らしき「一君万民」の伝統文化を理解してくだされば、まことに幸甚であります。
終わりに、工藤美代子女史とＰＨＰ研究所の編集担当、およびカメラマンの諸君に心からの謝意を捧げます。

平成二十一年二月吉日

装丁　川上成夫

皇族の「公《おおやけ》」と「私《わたくし》」　目次

まえがき——寛仁親王 1

1 わが青春の札幌オリンピック

組織委員会事務局での勤務 18
四十四年間にわたる長い歴史 22
高松宮様から教えていただいたこと 28
順調にはいかなかった沖縄海洋博 31

2 両親から学んだこと、娘たちに伝えたいこと

御母上の胎教 36
「帝王学」という学問はない 39
子供に子供の存在を知らせる 44

たった一度、お怒りになった御父上 47
女王殿下への学習指南法 50

3 学習院

モットーは「正直」 56
応援団と運動部の本質 63
授業風景を回想する 68

4 イギリス留学

英語が分からずに起こした失敗 74
ジョン・ケズィック一家への感謝 79
イギリスでのロマンスを語る 84
人種問題への見方が変わった経験 87
チャールズ皇太子、そしてダイアナ妃について 90

5 明治の女性

夏子御祖母様の思い出 94
「祇園なるものに行こうじゃないか」 99
芸者とホステスの違いとは 102
プロポーズのきっかけは高松宮殿下のお言葉 106

6 福祉への取り組み

皇族の方々と福祉の関係 112
片岡みどりさんの教え 117
「柏朋会」誕生 123
健常者が太刀打ちできない障害者たち 124
キーワードは「ギヴ＆テイク」 127

7 スキーと福祉

障害者にスキーを教えるきっかけ 132
オリンピックとパラリンピックの違い 136
「愛・地球博」の反省点とは 138
福祉にイデオロギーは関係ない 142
日本社会は何を改善すべきか 145

8 昭和天皇

先帝様は別格官幣大社 150
昭和という時代の素晴らしさ 156
近代の「帝王学」とは何か 160
「上御一人」と申し上げるしかない 164

9　二十一世紀の皇室

「公務」「御仕事」「プライヴェート」を区別せよ　168
旧皇族方の復帰、そして養子制度について　172
皇太子妃殿下がご健康を取り戻されるために　176
悠仁親王の周囲にしかるべき人材を　179

10　一君万民の本質

「開かれた皇室」という考え違い　186
皇族といえどもプライヴァシーはある　190
「国民に守られて」皇室は続いてきた　195
良い人材が集まれば、立派な皇族が育つ　199

補筆　語り残したこと――寛仁親王

(財)中近東文化センター 204
研究棟建設 207
奨学金 210
エルトゥールル号 214
ペポ帽子店 218
募金委員会 222
建設計画 227
福祉の原点 230

インタヴューを終えて——工藤美代子 236

〈凡例〉

一、本文中「——」で表わした聞き手は、すべて工藤美代子氏。

二、本文中の写真は、寛仁親王殿下がご愛蔵のものを拝借した。

1

わが青春の札幌オリンピック

組織委員会事務局での勤務

――寛仁親王殿下が一九七二年の札幌オリンピックにおいて組織委員会事務局に籍をおかれ、大活躍なさったのは皆が知るところだと思います。

私事で申し訳ございませんが、あのとき私もコンパニオンとして、札幌オリンピックに参加しておりました。商社マンや外交官のお嬢さんなどもたくさんいらして、殿下がまだ独身でいらしたものですから皆、キャーキャー騒いでおりました。用もないのに殿下がいらっしゃる事務局をウロウロしたりして（笑）。

殿下 あのときは忙しかったですね。でも私たち関係者はほんとうに皆、感動しました。全国民が協力してくれた観がありましたから。

――開催期間中、お天気もずっとよろしゅうございました。

殿下 冬季オリンピックの最大の問題は天候ですからね。急に雪が降ったりして延期や中止になる競技も多い。しかし晴天が続いて、史上初めて全種目、全競技が実施できたオリンピックになり、当時のＩＯＣ会長だったブランデージ氏にも、「史上初めての、大成功したオリンピックだった」と褒められました。閉会式が終わった途端に、たいへんな霙《みぞれ》が降って、長靴なしでは歩けなかったほどですから、ほんとうに運がよかった。

――殿下はオリンピックが始まるかなり以前から、札幌にお入りになられたのですか。

殿下　学習院大学を卒業後、留学していたイギリスのオックスフォード大学（モードリン・コレッヂ）から一九七〇年に日本に戻り、東京で一カ月過ごしたあと、すぐ札幌に向かいました。オリンピックは一九七二年ですから、約二年半、準備に時間を費やしたということです。その間には「プレ・オリンピック」もありましたから。

――ご準備をなさっていたころ、殿下はどのような肩書で、どのような生活をされていらっしゃったのでしょうか。

殿下　初めから「名誉職はお断りだ！」といって、「主事」という役職に就きました。オリンピックには国から莫大な金額が拠出されますから、組織委員会は肩書から何から、ほぼ役所と同じです。職員も役人がほとんどで、あとは銀行や教育委員会から出向した人がわずかにいた程度ですね。

そのなかで主事は一番の「下っ端」で、当時私はまだ二十五歳でしたし、その下は女子事務員がいるくらいでした。因《ちな》みに月給は四万一七〇〇円です。

——私どもコンパニオンのほうが、まだお給料はよかったようですね。七万円ほどいただいた記憶があります。

殿下　そうでしょうね。とくに通訳ができる人は皆、高い給料をもらっていました。笑い話のようですが、そのわずかな給料のなかから当初、国民保険、厚生年金、失業保険などをすべて天引きされていました（笑）。

——しかし殿下はもともと、国民保険などにお入りでないのではないですか。

殿下　ええ、私は皇族であって国民ではないから入れないはずです。組織委員会にそう説明したら、「そうですね」となって天引きはなくなりました。しかしオリンピックが終わって最後の残務整理をし、東京に戻る手続きを札幌市の中央区役所でしたときに、窓口で「あなたはこれだけ住民税がたまっています」といわれたんです（笑）。

——そんなことがおありだったのですか。

殿下　だから「私の戸籍謄本はここにはありませんよ」といいました。札幌に着いて当時の札幌市長だった故原田與作《よさく》さんを表敬訪問したとき、「札幌に皇族方はたくさんおいでになりますが、お住みになった方がいらっしゃらない。ぜひ住民登録を」といわれたので、事

冬季五輪札幌大会の組織委員会事務局にご勤務された当時の殿下

務所に電話して「手続きをしてくれないか」と頼んだところ、「殿下はお出来になりません」といわれたのです。

皇族には戸籍謄本がなく、皇統譜が宮内庁にあるだけだから動かせない。〝無国籍者〟として私は札幌にいたわけですが、「でも、あなたは札幌でお金を稼いだから、住民税を払う義務がある」と、聞き入れてもらえませんでした。

――結局、お払いになったんですか。

殿下　仕方がないですからね。東京に戻ってきてからも、住民税は毎年、払いつづけていますよ。

四十四年間にわたる長い歴史

――殿下がお働きになったのは札幌オリンピックが初めてでございますか。

殿下　サラリーマンとしてはそうです。アルバイトは学習院大学時代、キャプテンをしていたスキー部の部費を稼ぐために、たくさんやりました。

当時のスキー部は同好会としか認知してもらえず、一三〇人も部員がいたのに、学校から支給される予算は年間四、五万円。だから仕方なく部員を引き連れて、配送センターやドラム缶の清掃工場でアルバイトをしたんです。重労働でしたが、休み時間に飲んだ渋茶がほんとうに美味《おい》しかった（笑）。

——雇ったほうは、キャプテンが殿下であるとは知らなかったのでしょうか。

殿下　最初は知りませんでしたね。しかしその後、転がしたドラム缶が私の足の上に乗っかって怪我をし、病院に連れていかれたことがあるんです。そこで「お前は何者だ」となって、「三笠宮です」といってからが大変でした。清掃工場の社長が、すごい花束を持ってきましたよ。

——それは大変でしょう（笑）。話は戻りますが、札幌オリンピックはもともと、伯父様である秩父宮殿下のお言葉がきっかけだったと伺ったことがあります。

殿下　そうですね。秩父宮殿下は昭和三年に、弟様である高松宮殿下をお連れになって札幌へ山岳スキーにいらっしゃいました。秩父伯父様はすでにスキーと山の名人でいらして、このとき北海道大学のスキー部や山岳部の学生、札幌スキー連盟の人たちが、たくさんお供をしたようです。

そして暖炉を囲んでの夜話のとき、大野精七先生という北大スキー部の部長に、「将来、もし日本に冬季オリンピックを誘致できるとすれば、札幌が日本で一番の適地だろう。なぜなら町と山が近い。その場合、冬季オリンピックにはさまざまな競技があるから、いまから準備を始めておかないとまずいぞ」と仰せになったのです。今風にいうなら「インフラを整備しておけ」ということですね。

――先見の明がおありだったのですね。

殿下　たとえば外国人が泊まることのできるホテルがなかったので、いまの札幌グランドホテルが誕生しました。当時の札幌商工会議所が主体になり、苦労して建てたようで、そのころは商工会議所の事務所もホテル内にあったようです。その義理があるから、いまでも札幌に行くと私はグランドホテルに泊まります。

あるいは九〇メートル級のジャンプ台というのは、長野オリンピックまで、日本には札幌に一台しかありませんでした。これをつくる際、札幌スキー連盟はノルウェーのスキー連盟から、ジャンプ台設計の権威であるヘルセット中尉とスネルスルードという選手を呼び、札幌郊外の山をしらみ潰しに調査して歩きました。第一号は三角山と呼ばれる山につくられたようです。

老朽化するにつれて移動させ、現在の場所に落ちついた。これを札幌オリンピックのときに大改修して、四、五年前にさらに大改修して現在のジャンプ台になったのです。初めてのジャンプ台の建設にあたって、秩父宮殿下は「お金の心配はしなくてよい」とおっしゃったようですね。

――どなたかがお金の面倒を見られたのですか。

殿下 いまと違って当時はまだ、皇族に力のあった時代で、ホテルオークラの創設者でもある大倉財閥の大倉喜七郎さんに、「資金の面倒を見てやりなさい」とおっしゃられたようですね。だからいまでもあのジャンプ台を「大倉シャンツェ」と呼ぶんです。

インフラだけではなく、両殿下が訪れた翌年の昭和四年、札幌市とスキー連盟は「両宮殿下御来道記念スキー大会」を開催しました。

――一年後とは大変なスピードですね。

殿下 そう、初めてにもかかわらず、それがうまくいった。そのあとに大野先生は上京し、両宮様のところにご報告にいくのですが、そこで「成功いたしましたので、来年から『宮様賜杯』を賜わりたい」といったそうです（笑）。

伯父様方もきっぷがよいから、ジャンプに秩父宮杯、一五キロの距離競技に高松宮杯をお出しになりました。そして昭和五年からは御下賜杯ができたということで「宮様スキー大会」

という名前に変わった。それが今年でもう、七九回目を数えます。

――現在に至るまで、それが途切れず続いている。

殿下 そうですね。そもそも秩父宮殿下のご発言がなければ、地元の人たちはオリンピックのオの字も発想しなかっただろうと思います。私と同じくオックスフォード大学に学ばれ、スイスアルプスを踏破なさり、山とスキーにご堪能だった伯父様のアドヴァイスによって、札幌市民や北海道民が徐々に、用意を進めていった。

じつはそれが実って昭和十五年に一度、誘致に成功しています。当時のオリンピックは夏と冬を同じ年に同じ国で開催するルールで、すでに東京オリンピックの開催が決まっており、冬季は札幌でやることになったのです。

――昭和十五年に開催予定だった、幻の東京オリンピックでございますね。

殿下 そうです。しかしご存知のように、戦争で返上せざるを得なくなった。それでも戦後、当時の関係者が「夢よもう一度」ということで昭和三十九年に東京、四十七年に札幌でオリンピックを開催するんです。

昭和三十九年の東京オリンピックが大成功に終わり、「では、次は札幌だ」となって、準備委員会で作業が着々と進んでいる最中、イギリスにいる私のところへ「トモさんの好きな

「宮様スキー大会」の優秀選手と歓談される殿下（大学生当時）

スキー種目もあるオリンピックで働かないか」という手紙が父（三笠宮崇仁《たかひと》親王殿下）から来たんです。誰かが父に話したのでしょう。

そもそも私は秩父伯父様に憧れてオックスフォードに留学したり、スキーやボートの選手になったくらいですから、尻拭いは甥っ子がやらねば、と受けることにしました。私がサラリーマンをやったことを、「殿下は変わり者だから」と思う人も多いようですが、その裏には四十四年間にわたる、長い歴史が横たわっているのです。

高松宮様から教えていただいたこと

――秩父宮様がお亡くなりになられたのは昭和二十八年でございますね。殿下がまだ小学生でいらっしゃったころですが、どのようなお方だったのでしょうか。

殿下　伯父様はひとの反対があってもお聞き入れにならない豪胆なタイプの方で、欧州の山登りやスキーなど、何にでも挑戦なさったそうです。伯母様からも「寛ちゃんは伯父様の生まれ変わりみたいだ」と可愛がっていただきました。「もし宮様がお元気だったら、寛ちゃんと話が合っただろうに」とよくおっしゃいました。

――松平様のお姫様でいらっしゃる勢津子妃殿下でございますね。殿下のご著書を拝読しますと、勢津子妃殿下はエリザベス女王が日本にお見えになったとき、いろいろご案内をなさるなど、ずいぶんご尽力なさったようです。

殿下　当時、日英協会の総裁でもいらっしゃいましたからね。日英協会は秩父宮様がおつくりになった二国間の友好親善団体で、伯父様が初代総裁、二代目が伯母様です。その伯母様のご命令で、私がいま、三代目を継いでいます。

――勢津子妃殿下はテキパキした方でいらしたのですか。

殿下　ええ、当時の皇族のなかでもっとも英語がお得意で、社交的で素敵な方でした。私が秩父伯父様に憧れたのも、すべて自分の記憶ではなく、お書きになられた本、伯母様や、伯父様の山仲間から聞いた話によるところ大です。山とスキーの世界の至るところに「秩父宮殿下の武勇伝」があって、そこから「格好いい伯父様がいたものだなあ」と教えられました。

なにしろ私自身は伯父様のお葬式もあまり記憶にありませんからね。ご療養中、姉と私と弟で御殿場をお訪ねしたときの写真は、いまも手元に残っていますが。

――弟宮の高松宮様とも、喜久子妃殿下がお書きになった『菊と葵のものがたり』（中央公論社）というご本のなかに、寛仁親王殿下が一の子分を名乗っておられる、といった記述がありますが（笑）、深いご親交がおありになったのでしょうか。

殿下　秩父伯父様がいらっしゃらないので、必然的に高松宮様のあとばかりくっ付くようになったのです。私の父は学者で、宮内庁のなかに三笠宮研究室があって、研究室に閉じこもっていました。教育も躾《しつけ》も全部母任せで、何もしようとしない（笑）。

困った母が「高松宮様のところに行ってらっしゃい」と、よくわれわれ兄弟を行かせた、という内々の事情もありました（笑）。高松宮様はお子様がいらっしゃらないのに、ほんとうにわれわれを可愛がってくださった。終戦直後で狭い家にお住まいでしたが、お金持ちの宮様だから、御飯がわが家と違っておいしいし（笑）。お呼ばれしたり、行ってこいといわれると、もう喜び勇んで出掛けていきました。

中学一年からは、伯父様がスキーや山に行かれるとき、お供をするようになりました。もっとも私がスキーを始めたのは小学校四年生からで、まだ四年目だから下手《へた》もいいところです。伯父様がスイスイ進まれるなか、七転八倒しながらついて行きました。

大きな声ではいえないですが、高校以後は、伯父様の御殿にはお酒がふんだんにありましたから、一人で飲みながら生意気にも「皇族とはどうあるべきか」というご相談をよくしていましたね。

――高松宮様には、そのお日記に出てくる「皇室が二千年ものあいだ続いてきたのは、権力や武力ではなく、国民によって守られてきたからだ」といった有名な言葉がありますが、そういったお話を殿下にもなさったのですか。

殿下　ええ、何度もおっしゃいました。ほんとうにたくさんのことを、高松宮様から教えていただいたと思います。

順調にはいかなかった沖縄海洋博

――札幌オリンピックでお働きになったあと、一九七五年には沖縄国際海洋博覧会の世界海洋青少年大会事務局にもご勤務なさいました。

殿下　海洋博の協会長をなさったのは、早稲田大学総長を務めた沖縄出身の大浜信泉《のぶもと》さんでした。しかし、やはり学者ですからお金集めには慣れていなくて、予算が何十億か足らなくなった。

そこで佐藤朝生《ともお》さんという、札幌オリンピックで組織委員会の事務総長を務めたオリンピックの神様のような人が副会長に就くのですが、このとき彼が「殿下、私と一緒に行ってくださいませんか」といったんです。

――お願いされたわけですね。

殿下 彼は私の親分だったわけですから、「わかりました。あなたのいうことなら、どこにでも行きましょう」と答えました。当時はまだ道路も右側通行。東京から車をもっていきましたが、運転手が困りましたね。

――慣れないと怖いですね。

殿下 しかも当時、皇族が沖縄に行くには難しい問題がたくさんあったのです。高松伯父様はハンセン病のお仕事をなさっていましたから、その療養所をお訪ねになるため、皇族では一番初めに沖縄をお訪ねになりました。その次に、私が訪問したのです。少しずつ、皇族が沖縄に行く筋道をつけていこう、と。

準備期間を含めると、二カ月ほど沖縄にいましたが、そのとき皇太子殿下（現在の今上陛下）に火炎瓶を投擲《とうてき》する事件が起きたのです。

――「ひめゆりの塔事件」といわれるものですね。

殿下 当時はほんとうに緊迫した状況で、私が泊まっていたホテルからも、「あそこが過激派のアジトだ」ということが判るくらいでした。数千人の警官が日本中から駆り出され、当時の東宮両殿下をお護りしていた。だから私の護衛官が誰もいなくなった（笑）。心配した皇宮警察が、皇宮のなかで一番柔道の強い男を一人付けて、沖縄県警も柔道と剣道のナンバーワンとナンバーツーを二人ずつ付けてくれた。どこに行くにも六人一緒でした（笑）。

――海洋博にはどのような思い出がございますか。

殿下　正直にいうと、いわばあの大会は突貫工事で行なったようなものだったんです。われわれは海に関係するスポーツイヴェントを開催するために、世界中から一五〇〇人の人を呼んでくる企画を立てましたが、彼らを宿泊させる予定だった建物を建設していた会社が、信じられないことに開幕数カ月前に倒産してしまったり。

――宿舎が不足していたわけですね。

殿下　そうです。もう、部屋の確保などの運営面が大変でした。あと、なぜか水が出ない。本部長として私は町長に折衝に行くわけですが、「いくら殿下のご依頼でも、私は町民を優先しなければなりません」といわれてしまって。「あなた方は全島を挙げ、この大会を誘致したのではないのですか」と聞いても、「とんでもございません」といわれる始末です。

沖縄の経済振興という目的で積極的に取り組もうとしていた人と、快く思っていない人の両者がいて、なかなか難しい大会でしたね。

――返還を記念し、本土と沖縄が一体になってつくりあげたイヴェントというイメージがあったのですが、必ずしも順調にいったわけではなかったのですね。

殿下　しかし、いまでも不思議なのは、私には、とても沖縄に友人が多いんです。海洋博で付き合った体育協会の方々、トルコで行なっている寄付事業を手伝ってくれている方々、主宰している「柏朋会」という福祉団体の友好団体の方々など、数え切れないほどです。

――これまでに何度、沖縄には足を運ばれたのでしょうか。

殿下　数え切れませんね！　皇族のなかでは一番多いでしょう。現在では、皇族と沖縄をめぐる状況は一変していますが、しかしやはり一番のご希望であったのだから、先帝様（昭和天皇）に崩御の前に一度、沖縄に足を運んでいただきたかったな、といまでも思います。

2

両親から学んだこと、娘たちに伝えたいこと

御母上の胎教

――殿下の御父上（三笠宮崇仁親王殿下）と御母上（三笠宮妃百合子様）、さらにはお二人の女王殿下（彬子《あきこ》様、瑶子《ようこ》様）のお話について、お伺いできればと存じます。

私はつい先日、『母宮貞明皇后とその時代――三笠宮両殿下が語る思い出』（中央公論新社）という本を出させていただいたのですが、その折に御父上と御母上にたくさんお話をお聞きしました。

大正天皇と貞明皇后の第四皇男子である御父上がお育ちのとき、貞明皇后はほとんどお叱りにならなかったと伺いましたが、殿下も一般でいうところのご長男でいらっしゃいますね。初めての男の赤ちゃんがお生まれになったということで、皆さま方、とても大事になさったのではないですか。

殿下　どうでしょう。私が生まれたのは昭和二十一年、終戦直後ですべてがメチャクチャなときですから、いまでいう乳母日傘《おんばひがさ》で育った状態ではなかったでしょう。そもそも疎開先の葉山で生まれたわけですし。

――お生まれのとき、ものすごく綺麗な赤ちゃんでいらしたと伺いました。ゆで卵みたいに真っ白で、ツルンとしていらした、と。

殿下　母はよくそういいますね、いまが憎たらしいからでしょう（笑）。誕生日は一月五日ですから、受胎したのは終戦前ですよね。

――五月の東京大空襲のときにはもう、御母上のお腹にいらっしゃったわけですね。

殿下　皇族がどうなるかもわからなかったときですし、恐ろしかったと思います。後に母から、限りなく綺麗なものや美しいものばかり見て、イヤなことは考えないように、悲惨なものは見ないように努力したと聞きました。独自の胎教だったのでしょう。

――御母上が大空襲のなかをお逃げになったとき、「火を見ると、あざのある赤ちゃんが生まれる」という言い伝えを気になさって、殿下がお生まれになったときも、一番最初に「あざはありませんか」とお聞きになられたそうですね。

殿下　いまでも日本中のオナゴ衆が、「肌が綺麗ね」といいますよ。

――それはすごいことです（笑）。それでは殿下が「どうやら自分はとても特別な立場の家庭に生まれたらしい」とお気づきになったのは、いつごろでいらっしゃいますか。

殿下　おそらく幼稚園のころではないでしょうか。

――当時の聖心女子学院付属の幼稚園ですね。

殿下　私は登校拒否児もいいところだったんです。玄関でドタバタ寝転がって「入りたくない」と騒いだり、入園しても初めはフランス人の友達としか遊ばなかったそうです。日本人の子供たちは、よく意味がわからなくても、「あなたのクラスには宮様がいる」と両親からいわれて何らかの違和感をもって私を見ていたと思いますが、彼には先入観がなかったから遊びやすかったのかもしれません。

――その後、学習院の初等科に入学なさった。

殿下　学習院に入ったときはもう、先生方から「宮様」と呼ばれるようになりました。私が三年生のとき、弟（桂宮宜仁《よしひと》親王殿下）が一年生、姉（近衛甯子《やすこ》様）が四年生という関係で、当時住んでいた目黒の家から三人で、自動車で通学していました。

外履きから上履きに履き替えるときも、他の生徒は下駄箱を使うのですが、私たちには専用の部屋が特別にありました。

登校だけではなく下校も同じで、年長の姉が終わるのが遅いので、いつも弟と二人で路上で待っていて、一緒に帰りました。

ただ一度、クラスメイトと喧嘩《けんか》して、ふてくさって一人で帰ろうとしたことがあるんです。

ところが帰り方がわからない。地下鉄に乗るのか山手線に乗るのかも知らないし、そもそもお金すら持っていない。

でも車で通っている道順は完全に覚えていましたから、その道をとことこ歩いて戻った。学校では大騒ぎになったそうです。宮様がいなくなったと（笑）。

——先生方はお困りになったでしょう。

殿下　先生方も、私と喧嘩をした友達も困ってしまったと思います。自宅に帰ったときはもう、学校から連絡が来ていたと思いますす（笑）。

「帝王学」という学問はない

——『皇族のひとりごと』（二見書房）という殿下のご著書を拝読して知ったのですが、三笠宮家は皇室のなかで初めて、一般の教育をお子様に与え、親子一緒に住むことを決定なさったそうですね。

殿下　両親が親子一緒に住むことを決めたのはそのとおりですし、教育についてもそうです。先帝陛下（昭和天皇）までは東宮御学問所がありましたが、今上陛下は学習院で学ばれたはずです、普通に。

皇太子殿下はまったく私と同じ教育をお受けになっています。「帝王学」などと皆、大騒ぎしますが、特別な学問として存在はしていませんよ。一般とは違う教育をしたくても、明治・大正期とは違いますし。

——殿下のお世話をするために、宮内庁からどなたかが派遣されたということはございましたか。

殿下　昭和天皇や東宮様のところには、女官長、女官、女孺《にょじゅ》の方々とか侍従長、侍従、殿《でん》部《ぶ》等々がいますが、内廷外皇族（天皇ご一家以外の皇族）のところには老女と事務官と技官しかいませんでした。

看護婦の人も入れて、六、七人ではなかったでしょうか。いまでこそ、宮務官、事務官、侍女長、侍女長補、侍女、技官、厨士など、たくさんいますが。

——殿下お一人に、どなたかが付いておられたということはなかったのですね。

殿下　いわゆる傅育官《ふいくかん》のような特別な養育係はいませんでした。傅育官がいたのは私の父の世代までです。御所では御用掛りとか侍従たちが担当していたはずです。

——そうすると、御父上と御母上が直接、殿下をご教育なさったのですか。

三笠宮崇仁親王殿下ご一家（昭和39年当時）

殿下　私の父は勉強ばかりで、私たち五人兄弟の世話は、母に押し付けていました。総理、大蔵、厚生、文部、運輸等々、すべてを母が司ったわけです。

――教育は御母上が担われた。

殿下　じつは私自身も娘たちの総理、大蔵、場合によっては文部も務めました。スキー指導の専門家で、怪我をしたときの応急処置もしましたから、厚生も兼ねていたかもしれない。これは父が反面教師になっている部分もあって、父親たるもの、子育てにきちんと責任を持つべき、と考えているからです。

おっぱいをあげることから始めて、初等科までは基本的には母親のテリトリーだと思いますが、中等科からは、父親のテリトリーだと思います。

――御母上に怒られた記憶はございますか。

殿下　母はいったい何百回、私たちを怒ったことか。躾《しつけ》に関して、これはダメ、あれもダメと細かくて、うるさかったですね。

とくに母は四人姉妹で育ちましたから、不良っぽかった私とすぐ下の弟の対応には困り果てていたのでしょうね。

――お小遣いは定額でしたか？

殿下　初等科のときはゼロでした。車で送り迎えされているから電車賃は必要ないし、購買部でもお金は払わなかったように思います。
中学一年生になると、定額のお小遣いがもらえました。たしか一年生が三〇〇円、二年生が四〇〇円、三年生が五〇〇円でした。

──きわめて健全な額ですね。

殿下　むしろ少ないでしょう（笑）。五十年近く前とはいえ、一カ月に数千円のお小遣いをもらっていた仲間もいましたから。
戦前の皇族は、どの宮様方も大金持ちでいらした。しかし、戦後はゼロになった。目黒の自宅というのもじつは借家で、大家さんがいたんです。
目黒駅と恵比寿駅の中間のあたりにあって、電車が通るとガタガタしました。外見はなかなか素敵な洋館でしたけれど。

──終戦までは三笠宮家のご財産としてお持ちのものだったのですか。

殿下　違うと思います。青山一丁目から現在の本邸（赤坂御用地内）に来るまでのあいだに、澄宮御殿《すみのみや》というものがあって、父はそこに住み、四十何人もの家来を抱えていたそうです。しかしすべて、空襲で焼けてしまった。

子供に子供の存在を知らせる

――「スポーツをしなさい」といって殿下をスキーの世界に導かれたのも、御母上のお考えだったそうですね。

殿下　当時の母親にしては珍しかったですね。学校での部活動については、「女の子がするスポーツはダメだ」といいましたし、お金がないにもかかわらず、私の体が虚弱であったがために全日本スキー連盟会長と相談してくれて、山とスキーに連れていかれ、自然のなかで鍛えられました。

隊長は会長で、母は保護者として付いてきましたが、彼女も一緒にやることになりました。ともあれ母の発想で私はスキー教師になれたわけですから、同じことを今度は下の世代に伝えていかなければならないと思い、志賀高原でジュニアのスキー合宿を十五年くらい開催していました。

――殿下が直接、お教えになったのですか。

殿下　私は二年目から校長先生。日本中から信頼できるプロのスキー教師たちを集めて、

スキーを始められて間がないころの殿下(中学生当時)

私を含めて一〇人の教師たちが真剣にチビッ子を育てる、とても贅沢な合宿でした（笑）。私の子供たちもそこに参加しましたが、よい経験になったと思います。

私が登校拒否児になった最大の理由は、目黒という普通の住宅街の真ん中に住んでいたのに、両親が向こう三軒両隣との付き合いなんてしませんから、いったい子供とはどういうものかを知る機会を持たなかったからだと思います。いま思えば、幼稚園に行っても、どう友達と付き合ってよいかわからなかったのでしょう。

だから娘の彬子や瑶子がまだ口のきけない時代から、私は自分の友達に「お前の子供をぜひ連れてきてほしい」と積極的に頼みました。二人の子供にどう子供の存在を知らせるかということを、必死になって考えましたね。

――子供同士で遊ぶことが、人付き合いを学ばせる一番の方法だということですね。

殿下　それが大成功して、私の友人はもとより、私が付き合っているナイトクラブのマダムやホステスあるいは芸者衆たちとも、娘たちは仲がよいのが嬉しいですね。

――すごいお話ですね（笑）。女王様たちをナイトクラブやお座敷にお連れになったわけですか。

殿下　ええ。私が保護者面《づら》をして日本中連れて歩きましたから……。いまでは私の知らないところで、三十も四十も歳の違うオナゴ衆と娘たちが一緒に食事をしたりしているんだから、愉快ですよ！

――それはとても素敵なことですね。

たった一度、お怒りになった御父上

――御父上はよくお叱りになる方だったのですか。

殿下　父が怒ったところを見たのはたった一度しかありません。でも一度ですから、よく覚えています。

前述の全日本スキー連盟会長の奥様が小川千代子さんという素敵なおば様で、その方に連れられて、姉と私と弟の三人で何かのイヴェントに行ったんです。夕方になって「わが家で晩御飯を食べていらっしゃい」と夫人がおっしゃったので、あまり深く考えずにお邪魔して、その後、目黒まで送っていただきました。

そうしたら玄関口で父親が仁王立ちになって、「貴様らー！」と凄まじい声で怒っている。「連絡もしないで何だ！」というわけですね。

しかし、われわれにしてみたら、何かのイヴェントのあとで御飯を食べにいく経験自体がなかったから、電話を掛ける発想もなかったわけです。千代子さんにしても、スキー場でよくご一緒で気心は知れていますし、それほど夜遅くなるわけでもないから、電話を怠ったのではないでしょうか。

——そのとき殿下はおいくつでいらっしゃいましたか。

殿下　中学生でしょうね。高校生だったら反抗して殴りかかっていたかもしれません（笑）。まだ父に手が出せなかったころです。

——その場で御父上に謝られなかったのですか。

殿下　何かいったとは思いますけれど、こちらは悪いことをしたと思っていない。当時は姉と兄弟三人で布団を並べて寝ているころですから、逆にどうやってクレームをつけるかを議論しました（笑）。

——殿下が物心つかれたころにはもう、御父上は研究者としての道を歩まれていた。

殿下　宮内庁に書陵部がありますが、そのなかに三笠宮研究室というのがありました。そこに秘書を置いて、いわば一研究者として、古代オリエント史などを研究していたわけです。

——お通いになるかたちだったのですね。

殿下　そうです。それで東京女子大学や青山学院大学などの講師を始めたのが、昭和三十年以降だと思います。

——御父上はあまりご自宅にはいらっしゃらなかったのですか。

殿下　あまりいませんでしたね。家に帰ってこないのが父親だと思っていました（笑）。たまに帰ってきたときは食事の内容が違っていて、母と私たちはコロッケやハンバーグなのに、向こうは違うものを食べていましたね。

ただ父は、断トツで文句の付けようのない優等生だったそうです。

——二番の方との差がありすぎてちょっと困るくらい、勉強がお出来になったそうですね。

殿下　そうらしいですね。私は「頭が良いか？」と「頭がキレるか？」ということで人を判断します。父は頭が良い。しかし、キレない（笑）。私は頭は良くないけれど、キレる。

——ニュアンスはよくわかります。

殿下　学校の成績が良い人は頭が良い。しかし、実社会で活躍できるのは頭のキレる人です。父はわれわれのいう友達をつくりませんからね、学者以外は。それも知人という感じですよ！　しかし、古代オリエント史では世界の五本指に入る歴史学者だろうといつも宣伝しています。

——語学もたいへんお出来になるそうですね。

殿下　五カ国語か六カ国語を操れるようです。かつてＮＨＫのアナウンサーに頼まれて、ヘブライ語をペラペラ話し出したときには驚きました。

女王殿下への学習指南法

——貞明皇后もたいへん勉強がお出来になったそうですから、お血筋でいらっしゃるのでしょう。御母上も優秀な学生でいらして、学習院を総代でお出になり、香淳《こうじゅん》皇后から賜り物があったと伺っています。

殿下　先帝様の四兄弟は全員が、想像を絶する傑物だと思います。したがって三笠宮一族にもその血は入っていると思います。ただ私は夏休みの宿題にはじまり、ほとんど母にやってもらっていました（笑）。

長女の彬子がいまオックスフォード大学でジャポニスムのなかの「ヨーロッパから見た日本美術史」をテーマに博士論文を書いていますが、これは完全に私の父の血が入ってしまった結果ですね（笑）。

――やはり御母上は、殿下のお勉強を見られるほど学識が豊かでいらしたのですね。

殿下　しかし昔の親は皆、そうだったと思います。書を書かせても、どの親も上手でしたし、『論語』や四書五経などの中国古典、『源氏物語』などの日本古典も全員が理解していたはずです。

われわれの世代になるともう、授業内容が違いますから、判らないことはすべて母（ときに父）に押し付けていました。例外的に漢文とか国語は好きでしたから、いま物書きのハシクレができているのだと思います。

笑い話ですが、彬子はほんとうに優秀なのですが、次女の瑶子はなかなかにっちもさっちもいかない。私はあまり勉強をしなくても構わないといっていたので、普段は家庭教師の人たちに任せきりにしていたんですが、高等科卒業時の期末試験のときは、夜十時になったら大食堂で、大真面目に一緒に翌日の予習をしたことがあります。たまたま意外にも、自分の知っている内容ばかりだった。

たとえば『源氏物語』では光源氏がどうで、葵の上がどうで、ということが書いてある。しかし紫式部の書いた文章は、難しくてよくわからない。

だから「これはとっても難しいから、現代風に訳して理解すればいいんだよ」といって、

「ある男の愛人が、牛車の簾《すだれ》の内側にいて、ちょうどその近くに、その男が通りかかったところを想像してごらん。これは、その男を愛人が簾を少し上げて嫉妬の目で見送っているシーンなんだ。要は、モテる男と周りにいる女たちの葛藤を描いている文章なんだよ」と教えました（笑）。「なるほど！　そういう場面なんだ」といっていましたね。

――喩《たと》えてお教えになるのは秀逸な方法だと存じます。

殿下　「公民」は東南アジアの政治で、これも私のテリトリー。マレーシアはマハティール首相の「ルックイースト（日本に学べ）」というスローガンで動いている、ヴェトナムではこうなっているなどという話をさかんにしてあげました。保健に至ってはさらに幸運なことに、介護保険の問題と更年期障害の話。

――殿下のご専門ですね（笑）。

殿下　わからなかったのは数学だけで、これは習ったことのない内容でしたから、数式の数字を変えてやってみろと……。

――でも、女王殿下はお幸せですね。いまの時代はなかなか、父親から直接、勉強を教えてもらう機会などないですから。

殿下　それで得意になって、長女の誕生日に両親を含めて食事をしたとき、横にいた母に、

「この前、生まれて初めて瑶子の勉強を見てやったんだ」といったら、「私は五人も見ましたよ」と一言！「失礼いたしやした！」といって、話はそこで終わってしまいました。

――殿下、それは最高に愉快なお話です（笑）。

3 学習院

モットーは「正直」

――殿下が学生時代を送られた学習院とはどのような学校だったか、さらには殿下が学習院でどのような青春を過ごされたかについて、お伺いできればと存じます。やはり学習院という学校は、普通とは違う、特別な学校でございましたか。

殿下　そもそも日本で学校と呼べるものは、学習院しかありません（笑）。最古の伝統文化を持っているのですから。

――モットーは「正直」だそうですね。

殿下　そうです。私が入学したときから大学二年生までの院長が、文部大臣を務められた哲学者の安倍能成《よししげ》先生で、素晴らしい人物でした。

学習院は幼稚園と初等科が共学で、中高が男女別、大学でまた一緒になるのですが、安倍先生はそれぞれの科の始業式と終業式を、すべて違う日になさったと聞いています。院長の訓示を全員に聞かせるためです。

安倍院長は講話で初等科を訪れるたび、「学習院の児童・生徒・学生は正直であれ。勉強はできなくてもいいから、正直であれ」と繰り返しいわれました。これまで私は何千枚色紙を書いたか判りませんが、すべて「正直」としか書いていません。児童のころから「正直」という言葉を刷り込まれたといってよいでしょう。

――基本的な哲学を幼少期に確立なされた。

殿下 でも一方で、私は高校で応援団長をやったり、大学のスキー部で主将をやったり、自意識過剰組合会長といわれて、良性ではあるけど不良でしたね（笑）。

学習院は周囲から「お坊ちゃん学校」と思われがちですが、殿様の家系の人々や大金持ちの子供とかいて、先輩たちのなかには凄まじい人々が、武勇伝を山ほど残していますよ。学生服のサイドヴェンツを深く切り上げて、襟を高くして、ラッパズボンにした、後でいうところの〝学ラン〟を本格的に取り入れたのはわれわれの世代です。それまでは皆、普通に制服を着ていました。

――殿下も学ランをお召しになったのですか。

殿下 当然です。私は応援団長でしたから、特別に白い学ランを先輩にもらって大きなバッヂをつけて、大手を振って歩いていました。

――殿下であることを承知で絡《から》んでくる人もいたのですか。

殿下　そんな人は当時、都内では一人もいませんよ（笑）。応援団ということすら、わからなかったのではないでしょうか。

単純に生意気そうだということで、喧嘩をふっかけられた。もっともやられるばかりだったのは中学生までで、高校生になって応援団をやっていたころは、ほんとう意気がっていましたね！

――喧嘩はお強かったのですか。

殿下　私は表番長と呼ばれていて、一番強い私の友人が裏番長としてサポートしてくれていました。他校の学生ともよく喧嘩していました。

当時は風紀が悪くて、駅のプラットフォームや車内で喧嘩しても、駅員ですら「若さの発露だ」ということで止めようともしなかった。目黒駅で降りると一人ですから、何人もの不良にぶん殴られて、顔を真っ赤に腫れさせたものです。

しかし、そのころわれわれの世界が素敵であったのは、誰一人、喧嘩で殴られたことを親たちに告げ口しなかったことです。私もよく「階段で転んだ」とかいって嘘をつきましたが、どう考えても転んでできた怪我ではないことくらい、母はわかっていたと思いますが、特段何もいいませんでしたね。

学習院大学の学生時代の殿下

――美学があったわけですね。

殿下　学校では、私たちは嫌いな教師をずいぶんいじめましたが（笑）、われわれを裏切って、教師に告げ口する人間はいませんでした。

凄いのは私の先輩で、教室の後ろから空気銃で、黒板に向かっている先生を撃った。先生は黒板に張りついて、「誰だ！」と怒鳴り声を上げたのですが、誰も告げ口しなかったそうです。

――たいへんな結束ですね。

殿下　タレ込みというのはもっとも恥ずべき行為と皆が思っていましたね。そのような行為は根性もなく、男らしくないわけですから。いまのようにジメジメしていなくて、カラッとした時代でした。学習院だけでなく、どこの学校でもそのあたりはさっぱりしていましたね。

ただ当時は先生たちにも傑物が揃っていました。学習院では歴代、熊本で発祥したといわれる小堀流の古式泳法を子供たちに教えます。赤ふんどし一丁で、沼津の遊泳場を泳ぐのですが、先生たちのなかには体に鉄砲弾がいくつも入っている人もいて、恐ろしい先生方がたくさんおられました。

――戦争帰りの方ですね。

殿下　われわれも悪かったですけれど、先生方も凄かったから、いい勝負だったわけです。

――ある意味で、気骨ある教師がいた時代といえるのかもしれません。

殿下　悪さをすると、「高田馬場駅まで走ってこい！　着いたら一〇円で入場券を買って、証拠代わりにしろ」という有名な先生もいたし、鬼の○○と仇名《あだな》されているのもいたし、面白かったですよ（笑）。

でも先生方との交流もかなりあって、ご承知のとおり応援団というのは、運動部が試合をしてくれないと暇を持て余してしまうので、あるとき私が音頭をとって、ブラックリストに載ってるワルばかり集めて、ソフトボールのチームをつくったのです。

どうしてかというと、学習院の先生方もソフトボールがお好きで、放課後よく練習なさっていた。皆、大真面目で、しかもお上手でした。ゴマすりのために、よく一緒に試合をやったものです。

――殿下もプレーなさったのですか。

殿下　私はキャッチャーでした。学生のときだけではなく、娘たちが初等科に在籍しているころにも、初等科の先生たちを相手に、事務所と奥のスタッフ、皇宮警察と警視庁から選抜したメンバーでチームをつくって、試合をよくしました。一度も負けませんでしたね。

――お強かったのですね。では先生と生徒ではなく、生徒同士のなかで、いじめはございましたか。

殿下　たくさんありました。ただしそれも陰湿でなく、あくまでカラッとしたものでしたね。

――やはり、根性のない子が、いじめにあったのでしょうか。

殿下　根性がないというより、変に理屈っぽかったり斜に構えていたり、いつも人の顔色を窺っているような妙な奴らでしたね。だから本来なら、初等科時代の私のようなタイプはいじめの対象のはずなんです。

中学二年ごろまでは学校に行くのがほんとうに嫌で、教室で教科書や宿題の作文を読まされたりするだけで、悲しくなってポロポロ泣いてしまう、どうしようもない男でした。虚弱体質でしたし。しかし私の学年が素晴らしかったのは、だからといって私をいじめの対象にしなかったことです。

――殿下が気に障るようなことをいう生徒はいませんでしたか。

殿下　一度だけですが、「俺たちの税金で食わせてやっているんだ」と休み時間に私にいったんです。いまなら「お前じゃなくて親父が払っているんだろう」と言い返せますが、当時は考えてもいませんでした。
でも、そういった途端、周囲にいた友人が「馬鹿野郎！」と怒ってその生徒を殴ったんです。いまでもクラスの友人たちにはほんとうに感謝しています。

応援団と運動部の本質

——殿下が応援団に入られたのは、やはりそれが男として格好がよいと思われたからですか。

殿下　最初は入る気など、まったくありませんでした。身体が弱かったですから、中等科からは運動部に入って身体を鍛えようと思っていましたし、面白い母で、「男しかやれないスポーツをしなさい」というので、最初はサッカー部を選びました。フルバックをやっていましたが、当時はまだ身体ができあがっていなかったので付いていくことができず、結局、途中で退部してしまいました。
高校になってだんだん身体ができて、山登りやスキーの効果が出てきて、クラス内でも見劣りしなくなりました。

――高校でお変わりになられたのですね。

殿下　母親にトレーニングのためのいろいろな器具を買ってもらって、自主トレーニングも始めましたからね。後の話ですが、大学一年のときに行なった体力テストでは、腕立て伏せのその時点での新記録をつくりました。たしか四年のときに後輩が抜いたはずです。私は心肺機能はあまりよくないのですが、ウェイトトレーニングには自信がありました。

そうやって身体に自信がついたころ、同じクラスで応援団に入っている友人から、「お前も応援団に入れ」といわれたんです。

考えてもいなかったのでなぜかと聞くと、「お前は将来、人の上に立つ人間だから、応援団長を経験しておくべきだ」と。彼は初めから、「三笠を応援団長にする」と周囲に宣言して、自分は副団長をやったんです。

――面白い発想をする人ですね。

殿下　彼には感謝してもしきれないほどです。学習院高等科の生徒は四〇〇人くらいで、東京教育大附属高校（現・筑波大学附属高校）との定期戦が戦前からの一大イヴェントなのですが、そちらもやはり四〇〇人ぐらい生徒がいる。父兄や先生方を入れると一〇〇〇人を

成人式に臨まれた殿下（昭和41年）

超える人数を、それぞれの学校の実行委員会が協力して仕切るのです。大人はいっさい手を出しません。

いま私がさまざまな事業やイヴェントを取り仕切ることができるのも、当時の経験が役に立っているからです。

たとえば父に頼まれて、トルコの発掘現場に研究棟などを建設するための募金委員会をやっているのですが、募金のための趣意書の企画から印刷会社との交渉など、すべて当時苦労したことが役に立っています。

また福祉団体の会報等の編集長が務まるのも、コンサートのプログラムの広告をとることや切符販売の難しさなどを、当時から知っていたおかげです。

――応援団、運動部の本質が判ったような気がします。各分野に気を配り、物事を動かすエッセンスが、応援団や運動部の組織に存在しているのですね。

殿下　応援団で苦労して、大学スキー部でも一五〇～二〇〇人の合宿を年二回ずつ四年間実施していましたから、社会人のいま、企画屋としておおいに助かっています。

トルコに二五〇人をチャーター機で連れていったときも、すべて私が仕切りました。「三笠企画」と呼ばれていて、プロの旅行代理店の人間を手足のように動かすのです（笑）。彼らはマニュアル以外のことはできませんから、こちらの主導で何度も会議を開き、あらゆる可能性を想定して計画を立てる。ホテルでも毎晩、夜遅くまでスタッフミーティングを繰返していました。

――殿下にとって学生時代の経験が、ほんとうに大きな財産となったのですね。

殿下　そうですね。いまでも東京教育大附属高との定期戦に関するエピソードには事欠きません。興銀（日本興業銀行）の社員からフジサンケイグループの鹿内信隆《しかない》さんの女婿になって、その後グループを退いた人がいたでしょう。

――鹿内宏明氏ですね。

殿下　かなり以前の話ですが、彼が軽井沢のあるゴルフクラブに入会を認められた年があって、私はその前から会員だったので、向こうから挨拶に来たのです。

そのとき「鹿内でございます。覚えていらっしゃいますか」というから何かと思ったら、「私は東京教育大附属高の出身で、学習院との定期戦でお世話になりました」と。「何をしていたのですか」と聞いたら、「実行委員会の委員長をやっていました」といわれました。

実行委員長というのは、生徒会長がやるものです。応援団長はナンバーツー。私は勉強ができなかったから生徒会長になれなかったけれど、団長でワルを束ねていた。その向こう側の実行委員長が彼だったわけで、思わず「おい、大丈夫だったか？　あのとき殴らなかっただろうな？」と聞いてしまいました（笑）。「殿下は怖かったけど、殴られはしませんでした」といっていいましたね。

──当時は鹿内という苗字ではなかったからですね。

殿下　あるいは一昨年、父の卒寿の祝いをやったときは、母を発起人代表にして、父がこれまで付き合った人間をすべて呼んだのですが、そのときも聖路加国際病院の内科部長で、母の主治医の先生から、「たいへんご無沙汰しています」といわれました。今度は何かと思ったら、この人も東京教育大附属高側の実行委員の一人。やはり同じことを聞きました。「大丈夫だったか？　殴らなかっただろうな？」と。

──同じことをお聞きになられた（笑）。

殿下　しかし、学生時代にこのような経験を与えてくれた学習院の一貫制教育は、いま振り返っても、素晴らしいものでした。

授業風景を回想する

——授業についてもお伺いしたいのですが、『源氏物語』や『日本書紀』『古事記』など、日本の古典を勉強なさる機会はございましたか。

殿下　やはりいまと比較すれば、多かったと思います。とくに漢文は好きでした。母親も漢文が好きだったといっていましたから、遺伝かもしれない。

——大正天皇も漢詩の名人でいらっしゃったそうですから、ほんとうにお血筋かもしれません。

殿下　授業では「返り点がどうだ」といいながら、漢文を読ませられるでしょう。クラスメイトが詰まって立ち往生すると、先生が「三笠、お前が読め」とおっしゃる（笑）。二十五歳から本を出版したり、会報の編集長をやっているぐらいで、そもそも国語という科目が好きでした。

そのかわり理数系はまったく勉強しませんでしたから、いつも零点（笑）。でも正直がモットーだから、カンニングはしない。名前だけ書いて、何も書かずに帰ってくるしかないわけです。

——そうですか。歴史についてはいかがでしょうか。御父上の影響はございましたか。

殿下　日本史も好きでしたから、それなりに勉強しましたが、西洋史は先生があまり好きではなくて、熱心には勉強しませんでした。

――先生にもよるのですね。

殿下　そうです。大学に入ったとき、第二外国語をとりますね。私はスキーをやっていて、スキー用語というのはほとんどドイツ語ですから、もっときちんと勉強しようと思って、ドイツ語を選んだ。先生は東大からの出向でしたが、この人がことあるごとに、「東大生はよく出来る、学習院はダメだ」という、嫌な人物だったんです。

――失礼ですね。

殿下　あるとき私に教科書の一ページ分くらいを和訳する順番が回ってきました。ちょうど前日、父親が自宅にいましたから、「明日これを訳さなければならないけれど、皆目判らない。翻訳してくれませんかね？」と頼んだのです。

父はドイツ語も達者ですから。最初は少し気乗りがしない感じでしたが、教科書を見せると、「どれどれ」と面白がって訳しはじめました（笑）。

――御父上がすべて訳されたわけですか。

殿下　綺麗に訳してくれました。翌日の授業で、私はすっくと立ち上がって、その訳を滔々《とうとう》と読みはじめた。

先生はひと言もいわず最後まで聞いて、「よくできた」といってくれましたが、そのあとに「しかし、三つほど間違いがある。ここの訳はこうで……」といいはじめたんです。途端に私は、「貴様！　これは古代オリエント史の権威であるとともに独語の大家でもある親父が訳したものだ。親父に誤訳があるはずない。そちらが間違っている」と、もの凄い勢いで怒った。クラスメイトはもう、大喜びでした。

——日ごろの不満が解消された。

殿下　先生は体を震わせて「あとで職員室に来い！」といわれて、「いつでも行きますよ！」と授業が終わってから行ったら、「先ほどは私も少し興奮して、たいへん失礼なことをした」といわれたのを覚えています（笑）。

——……（笑）。体育についてはいかがでしたか。どのような武道を殿下は学ばれたのでしょうか。

殿下　体育の正課としては、柔道をやっていました。段は持っていませんが、けっこう強かったですよ。あとは個人的にですが、応援団のとき、空手を練習しました。身振り手振りに空手の型を採り入れましたからね。

——応援団というのは自分で振り付けを考えるのですか。

殿下　東京農業大学の「大根踊り」や日本大学の「日大節」など、代々型が決まっているものもあるのですが、学習院では私の一年上の先輩が、「空手を採り入れよう」といったのです。いろいろ考案しました。

——面白うございましたか。

殿下　面白かったですが、先ほど来お話ししているように、そもそも意気がっていた自分の身を守る必要がありましたからね（笑）。柔道、空手、ボクシング、さらにイギリス留学のとき、母親から「あなたがやっているのは格闘技ばかりでよくない」といわれ、有名な先生に付いて、合気道を学びました。私が経験したことがないのは剣道だけです。

——いまでも当時のご学友とはお付き合いがおありですか。

殿下　いまは初等科の同窓会の代表幹事ですし。

——よくお集まりにはなられますか。

殿下　私が「やろう」というと皆、集まります。一昨年は「還暦の祝い」を行なって、今年は「大学卒業四十周年」をやろうと皆が言い出して、先日も公邸で会議を開いたばかりです。

4　イギリス留学

英語が分からずに起こした失敗

――昭和四十三年（一九六八年）四月から四十五年（一九七〇年）八月までの約二年半、ご留学されたイギリス・オックスフォード大学モードリン・コレッヂ時代のお話についてお伺いできればと存じます。

先日ようやく、殿下が札幌オリンピック組織委員会事務局時代にお書きになられた『トモさんのえげれす留学』（文藝春秋）を手に入れまして。とても面白く拝読させていただきました。

まず驚いたのが、殿下が大人でいらっしゃるということです。イギリス人のいい所、悪い所を冷静に見分けられつつ、ユーモアにも溢れている。

殿下　国民に対する報告書、というつもりで私はあの本を書きました。半分は私費でしたが、残り半分は国費を使った留学でしたから、結果を国民にきちんと伝えるべきだろう、と。父（三笠宮崇仁親王殿下）に文藝春秋の故池島信平社長を紹介してもらい、自分の思いを話したところ、担当を指名してくれました。

その担当者が「まず目次を書いていただけませんか」というので、組織委員会で働きながら合間をぬって書き上げたところ、「これは面白い本ができる」といわれたんです。

そして初めて本を書く、ということになったのですが、そのような思いだけですぐに本ができてしまうのは、当然「宮様だから」という部分もある。司馬遼太郎さんも松本清張さんも、無名時代は小説を書いては出版社に持ち込み、突っ返されという苦労を重ねながら、世に出られたはずですから。

ならばせめて聞き書きやインタヴュー形式ではなく、原稿用紙のマス目を自分できちんと埋めていこうと考え、その義務を自分に課しました。

――文才がおありでございますね。普通の二十五歳が書ける文章ではございません。さらに私が驚きましたのは、明治維新以降、日本からヨーロッパに向け、夏目漱石や森鷗外を筆頭に、たくさんの人が留学しました。しかしその多くは外国人に対して気後《きおく》れし、オドオドしたり、ノイローゼになってしまった。しかし殿下はまったく自然なかたちで、あちらの社会に溶け込まれた。

殿下　学習院の応援団長をやっていましたからね。「毛唐、何するものぞ」という気分でしたから（笑）。

——殿下はご留学前にも、ご自由に英語をお話しになられたのですか。

殿下　まったく話せませんでした。母が気を遣って、今上陛下の皇太子時代の家庭教師だったマーティン・コルカットさんというイギリス人にお願いし、一週間に一回程度、会話の勉強をしてはいましたが、日本に来ている外国人は皆、ゆっくりしたスピードで話す、分かりやすい単語を使うなど、究極は日本人にあわせてしまうんです。

なんとなく分かったつもりでいましたが、イギリスに行った当初は、「ハウドゥユドゥ」と「サンキューヴェリマッチ」しか聞き取れませんでした。つくづく日本の英語教育は間違っていると思いましたね。向こうで最初に語学学校に入ったときも、読む、書くはクラスメイトのなかで断トツにうまいのですが、話せといわれると困ってしまうという具合でした。

——しかし二年半をかけ、ご自由にお話しできるレヴェルにまで到達された。ある程度話せる、という感覚をお感じになられたのはいつぐらいですか？

殿下　外国語の習得は三・三・三の周期で進むといわれています。三日目までは人のいっていることが皆、頭の中を通りすぎていく。三週間で何とか「この人はこういうことをいいたいのだろう」と分かる。三カ月で少し会話に食い込んでいける。

だから留学期間も、ほんとうは三年欲しいといいました。そうしたら私の英語も、もう少

オックスフォード大学モードリン・タワー（殿下ご撮影）

しきちんとしたものになるといって。

英語が分からないために、ドジもたくさん踏みましたね。駐車違反で出頭せず、逮捕されそうになったり。いつも駐車できた場所が、なぜか急にダメになったらしいのです。それで裁判所から召喚状が来たのに、気づかず出頭しなかった。冬休みでしたから、私はオーストリアの国立スキー学校でスキー修業をしていたので、手紙が来ていたのを知らなかったのです。

ポーターに頼んで手紙が来たらオーストリアか、せめて倫敦《ロンドン》の日本大使館に転送してもらうべきでしたが、初年度だから細かいことも理解できず、「召喚状を二度も送ったのに出頭してこない。態度が悪い」ということで、「次に来なかったら逮捕する」と記者会見で発表したらしいのです。

——事態をどうやってお知りになったのですか。

殿下　オーストリアの新聞の朝刊で（笑）。まだ逮捕されてないのに、「三笠宮寛仁親王殿下、オックスフォードで逮捕される」と書かれた。ドイツ語が分かるスキー部の先輩がそれを見て、笑いながら「トモさん、オックスフォードで逮捕されてるようだよ」と。母はこの事件を詫びに香淳皇后のところへ謝りに飛んでいったそうです（笑）。

この手のことがいろいろあって、「これ以上ヨーロッパにいると何をするかわからないから戻ってこい」となったんですよ。

ジョン・ケズィック一家への感謝

――御母上は大変でいらっしゃいましたね（笑）。ご留学中、ホームシックにかかったことはございませんでしたか。

殿下　むしろ私は自宅にいるのが苦手な人間でしたから。

――毎日を楽しくお過ごしになられた。

殿下　それでもやはり、難しい国に来てしまったなと思いました。日本では良きにつけ悪しきにつけ「宮様」として扱われますが、イギリスではただの「イエローモンキー」です。また当時イギリス王室のチャールズ王子はケンブリッジ大学で一つ下の学年でしたし、向こうには各国の昔の「プリンス○○」という称号を持つ者が、ウソも含めて山ほどいる。

さらに一般的にいえば、日本人のように面倒見がよい者が少ない。たとえば私は、外国人が日本に訪ねてきたら、一日のスケジュールからはじめて見事な旅行計画をつくってあげますが、彼らは何もしません。

――殿下がいらしたからといって、イギリス王室で特別なプログラムが組まれたことはなかったのですか。

殿下　ありませんでしたね。もちろん最初に着いたとき、女王陛下の特使が駐英日本国大使館に現れて、そのお言葉を伝達してくれましたが、その後は音沙汰なし。最初に食事に誘ってくださったのがマーガレット王女とスノードン伯爵で、後に女王陛下もお茶や園遊会に呼んでくださいましたが、そのくらいです。私もプライドが高くて、「英国王室が何だ」と思っているから、ゴマをすることはしない（笑）。

――殿下のほうから働きかけることはなさらなかった。

殿下　娘の彬子のほうがよほど幸せですね。私がチャールズ皇太子に「娘が行ったから、よろしくお願いします」と手紙を差し上げたりしていますから、さまざまなパーティーに呼んでいただいたり、女王陛下にもお目に掛かったりしている。

私の場合は秩父伯父様がイギリスにご留学されてからすでに何十年も経っていましたから、徒手空拳で、自分から話しかけていかなければどうしようもありませんでした。向こうではよくパーティーが開かれましたが、チャンスがあれば行けるところにはすべて行ってみました。そして私の話に乗ってきてくれる人と必死に話すわけです。「今度また連絡するから名前を教えてよ」といって。「東洋のプリンスに何たる扱いだ」と怒りつつ、頭の切り替えがどうしても必要でした。

でも幸い、ジョン・ケズィックさんというイギリスの保証人の方が大変な親日家であるとともに、私のことをほんとうに好きになってくれた。そのお付き合いのなかで生まれた友達とは、いまだに深い関係が続いています。

――ケズィック家は貴族ですか。

殿下　功績によって与えられるサーとレイディーだと思いますが、大金持ちでした。

――奥さまのクレア・ケズィックさんともども、ご夫婦揃って親日家でいらしたのですね。

殿下　そうですね。秩父伯母様がイギリス王宮の侍従長に当たる方に保証人の相談をしてくださって、そのときケズィック家の名前が出た。それとは別に、後に私の義母になる麻生和子女史が、「殿下の保証人は誰がよいか」と探してくれたときにも、ケズィック家が挙がったんです。

――麻生家の方々も多くがご留学されていますね。やはりケズィック家にお世話になったのですか。

殿下　そうですね。向こうの保証人というのはほんとうにクールで面白いんです。日本で一度お会いしたことがあるのですが、そのときには「イギリスに来たら、いつでも私が面倒を見てあげます」といっていたのに、いざ行ってみたら電話一本来ない。彼らは知っているんです。三カ月ぐらい経たなければ英語が話せないから意思疎通がとれない、と。

三カ月が過ぎたころ、タイプ字で分かりやすく書かれた手紙が来た。「ロンドンに来たときは、いつでも娘であるマギーの使っていた屋根裏部屋に泊まっていいし、休暇中はスコットランドの本居に来なさい！」などと書いてありました。

その後、ロンドンへ行ったときに泊めていただき、近くを案内してもらったのですが、このとき彼らは私を調査していたらしいのです。この男は面倒を見るべき人間か、それとも手に余る人間かと。誰に頼まれようが、自分たちのファミリーには手に負えないような人間であれば面倒を見ない。じつに考え方がはっきりしています。

――面白いですね。

殿下　最終的にご夫婦で相談して、「この男は面倒を見てもいいだろう」となったらしい。それからはほんとうに微に入り細を穿《うが》って、いろいろなことを教えていただきました。ティ

ケズィック家(ポートラック・ハウス、スコットランド)でのクリスマス・パーティー

ップの支払い方一つにしても、「トモさんは学生ではあるけれど、日本のプリンスでもあるから、学生と同じ額ではマズい。これぐらい払いなさい」というふうに。

しかし大変なお金持ちであったにもかかわらず、絶対におカネは貸してくれませんでしたね。その姿にまたイギリス人のシビアさを見たように思います。

イギリスでのロマンスを語る

――『トモさんのえげれす留学』にもたびたび登場しますが、ケズィック家の一人娘であるマギーさんは素晴らしい女性です。面白かったのが、殿下がマギーさんに半分ご冗談で「私と結婚してくれますか（ウィルユーマリーミー？）」といったら、「私はその言葉を二年間待っていたのよ」と返された、というくだり。たいへん頭のいい、魅力的な方ですね。

殿下　オックスフォードを卒業するや、ロンドンのブロンプトンロードに「アナキャット」という女性専門のファッションショップを開き、ミニスカートが世界で流行する前に製作販売に大成功して、そのあとも若者向けのファッショナブルな服をデザインして、世界を席巻した女性でした。

——ご本を拝読するかぎり、ほんとうに親友のようなお付き合いをなさったのですね。

殿下　もっとも信頼する女性でした。私は日本の皇族として生きていくために、外国人との結婚には二の足を踏んでいましたが、「ウィルユーマリーミー？」は半分本気でしたから。

——それは初めて聞く話です。彼女はまだお元気ですか。

殿下　それが残念ながら癌で亡くなってしまったんです。現在はマギーの遺産を基金にした団体が、癌のカウンセリングを行なって評判を上げています。

——ほかにもロマンスのようなものはございましたか。

殿下　私はモテましたからね（笑）。あるパーティーでジュリア・クラークという娘と知り合ったんです。話しているうちに吃驚《びっくり》したのは、彼女の父親がオークションを行なうサザビーズという会社の重役で、しかも住んでいるところはチェスタープレイスのNO．4。「私の保証人のケズィックさんの隣りだ」ということで話が弾んで、それから一緒に食事をするようになりました。

——彼女はおいくつでしたか。

殿下　二十歳前後。僕は二十三歳。そのときはほんとうによい雰囲気でしたが、何度目かに私と彼女が会った次の日、全然知らないイギリス人と彼女がじつに親しげに話しているところを見たんです。

――映画のシーンのようですね。

殿下　私は頭に来て、しばらくは声もかけませんでした。ところがある日どこかのパーティーでばったり会ったら、彼女が「お久しぶりね、トモさん」というと、「トモさん」とハグしてくるんです。「お前、この前変な男と一緒にいたじゃないか」「トモさん、勘違いしないでね。トモさんはあの時点で五番目の男だったのよ」と。

――すごい話ですね（笑）。

殿下　「でもトモさん、あれから全然アタックしてくれないんだもの。どんどん頑張ってくれれば、上に来たのに……」と。私はもう世界観が変わりました。女というのはとことん口説《くど》かなければダメだ、と（笑）。もちろん、また付き合いはじめて楽しかったですね。

――そうですか（笑）。でもお立場を考えれば、やはり外国人の妃殿下は難しかったでしょうね。

殿下　三笠宮家を継がねば、という思いを強く持っていましたからね。しかも私の英語は生まれながらのものではないですから、日常生活に不自由はなくても、微妙な問題を相談することができません。

しかし知人からは「殿下が国際結婚してくれたら、日本でもっと国際結婚がしやすくなる」ともいわれました。当時は国際結婚というと、まだ色眼鏡で見られた部分がありましたから。

人種問題への見方が変わった経験

――殿下はおそらく戦後、イギリスの上流階級にスッと溶け込んで生活された初めての方ではないでしょうか。

殿下　いえ、上流だけではなく中流、下層まですべてです。私は大学でボートを漕いでいましたが、そこには苦学して入った人と、奨学金の人と、私のような外国人たちで、いわゆる上流階級の人など、ほとんどいませんでした。

そのオアズマンの一人が紹介してくれたガールフレンドで、何度もデートしているのに家に呼んでくれない子がいて、「君は自分の家に私を呼ばないね」と率直に聞いたことがあるんです。

そうしたら「それは絶対できない。私の父は南方で日本と戦った軍人で、いまだに父の前で日本の話は禁句なのよ。私はあなたをいい人だと思っているから付き合っているけれど、家に連れていくわけにはいかない」と。「もう何十年も前の話だよ」といいましたが、彼らのしつこさ、こだわりはそれくらいでは消えないんですね。

一方で当時、イギリスの中流、下層の人々（一部の上流階級も含む）には、日本についてきちんとした理解がなされていませんでしたね。ドライヴ旅行をしていたとき、泊まった宿のおばさんが「お前はチャイニーズか」というので、ムッとして「ジャパニーズだ」と答えたら、「ジャパンという国はアフリカのどこにある？」と聞かれました。

おばさんの年代にしてみたら、七つの海を支配した大英帝国のイメージしかないから、アフリカのどこかの国と思ったんでしょう。上流階級のパーティーに呼ばれても、「トモさん、日本人はいまでも腹切りするの？」と、しょっちゅう聞かれました。

――ほかにも人種について、自分の価値観が変わったようなご経験はございましたか。

殿下　一つありましたね。最初の半年は語学学校に通っていて、旧植民地の学生たちが泊まるところに私も割り込ませてもらったのですが、お世話になる人に渡すために、と小型のトランジスタラジオを五台ぐらい持っていったんです。

――日本の家電製品が優秀だからといって、当時は何かとお土産《みやげ》にしたものでしたね。

殿下　ある日、音楽の番組を聞きたかったので、そのうち一台を食堂に持っていって、音楽を聞きながら食事をしていたんです。そうしたら友達に散歩をしよう、といわれて、ついラジオを置きっ放しにしたまま外出してしまった。あとで「いけない。忘れてしまった」と戻ったら、影も形もないんです。誰かに盗まれた。

すぐに舎監の人に報告して調べてもらいましたが、犯人はわからないままで、そのとき彼がこんなことをいったんです。

「いちおう調べたけれど、もし内部の人間だとしても、自分がやりましたと白状する者はいない。旧植民地のなかには『自分の物は自分の物、ひとの物も自分の物』と考えて、タオルでも歯ブラシでも一緒に使う人がたくさんいる。そういう風習の違いがあるから、ここで大騒ぎして警察沙汰にしたらトモさんも皆から浮いて困るだろうし、私も困る。だから諦めてくれ」

それを聞いて私も不問に付すことにしたのですが、それから人種問題に対する見方が変わりました。日本にいたときにも外交団との付き合いがたくさんありましたが、彼らは皆マナーを心得ているし、会話や立ち居振る舞いも立派。だからそのときは人種差別というのは、白人が黒人と黄色人種を単純に差別しているのだと思っていましたが、実際にはわれわれの常識の範囲を超えた習慣を持つ国や人種もいる。あんなことが続けば、私もきっと頭に来たでしょう。
だから「この人は大丈夫だ」という人間とは人種とか家柄を考えずに付き合ったけれど、少し怪しげな感じがする人とは付き合いませんでした。結局のところ、解釈としては、白黒黄の差もありますが、すべてはその個人の性格その他に関係するということです。

チャールズ皇太子、そしてダイアナ妃について

——最後に現在のイギリス王室についてもお話をお伺いできればと存じます。チャールズ皇太子や故ダイアナ妃とのお付き合いのなかで、お感じになったことはございましたか。

殿下 チャールズ皇太子はいってみれば、真面目を絵に描いたような方です。ケンブリッジのサマーコースで一カ月、偶然、彼のコレッジに泊まることになり、その後、何度かお会いしましたが、ナイスガイでしたね。名君になられるだろうと思いました。
ダイアナ妃とは結婚してからお目にかかりましたが、白馬の王子様が六頭立ての馬車で自分を迎えに来てくれると思っているような人で、子供っぽいのですがチャーミングな方でした。

しかし、ダイアナ妃は子育てやファッションなどには気が回るけれど、ロイヤルファミリーとしての振る舞いといったことをあまり考慮されないという印象がありましたね。お二人が来日されたとき、日英協会の総裁ということもあって、大相撲にご案内したのです。チャールズ皇太子は次々と質問を私にされましたし、理事長に何度も御下問がありました。しかしダイアナ妃は相撲にはあまり興味を示さずに、私の妻と自分たちの子供の話ばっかりだったそうです。チャールズ皇太子は真面目で神経質だからこそ、自分の悩みを聞いてくれる人が必要だったんでしょう。その女性がカミラさんだった。

英国人がダイアナ妃に期待したのは、彼女が初のイングランド出身のお妃というところでした。イギリスの王室にはさまざまな外国の血が混ざっていますから。いまのエリザベス女王にはスコットランドの血が入っているし、エディンバラ公はギリシャの血が入っている。

——初めてイングランド人からお妃が出たというので、最初は皆、とても喜んでいましたね。しかし、お二人の趣味や興味があまりにもかけ離れていたということでしょう。

殿下　ミスマッチだったのでしょうね。とても残念なことだったと思います。

5

明治の女性

夏子御祖母様の思い出

――殿下は一九七七年、三十一歳のときに二冊目のご著書『皇族のひとりごと』を刊行なさいました。そのなかで「明治の女の心意気と昭和の女のセンスを持った女性がよい」とお書きでいらっしゃいます。

殿下　明治の女性には、気概と品格を備えた方が多かった。私の妻（信子妃殿下）は国会議員の麻生太郎氏の妹ですが、あるとき、結婚を認めてもらうために御父上である実業家の故麻生太賀吉《たかきち》・和子ご夫妻に会いにいったんです。

長いあいだ和子女史に反対されていて、二度目のお願いだったのですが、そこで太賀吉氏は「そこまで殿下がおっしゃるなら、結婚を認めましょう」といってくださった。そして太賀吉氏からめでたい日だから参加してくださいといわれ、別室でミニパーティーが開かれるというので合流させてもらいました。

ところが会場へ行くと、太賀吉氏の御母上である夏子御祖母様《おばあ》が、いつもと違ってご機嫌斜めでいらした。なぜかと思ってあとで話を聞いたら、彼女は明治の女ですから、そんなめでたい席には羽織を着て、きちんとした格好で寛仁親王殿下をお迎えしたかった。それなのにプライヴェートパーティーだから普段着の和服を着てしまった、と。その一晩は、ほんとうに恥じ入っていた、というのです。

彼女は元子爵の加納家から嫁がれたのですが、つねに和服で身なりを整えていらして、それはそれは、見事な方でした。

――そうでございますか。

殿下　しかも編み物やお料理、庭の花の栽培などもお得意だった。一方で、これは太郎氏から聞いたのですが、彼が十一時ごろ帰宅して、御祖母様の部屋に「ただいま戻りました」と挨拶にいった。そのとき御祖母様はテレビをご覧になっていて、それが当時流行《はや》っていた『11PM』だったそうです。「どうしてこんな下品な番組をご覧になっていらっしゃるのですか」と太郎さんが聞いたら、「こういうものは見るものじゃなくて、やるものよね」とおっしゃったというのです（笑）。

――豪快な御祖母様ですね。

殿下　ご主人様は男二人と女二人、四人のお子様をおつくりになったあと、三十代で亡くなられた。だから、女手一人で太賀吉さんたちを育てながら、家業を仕切られたわけです。

――ご立派でいらっしゃいます。

殿下　太賀吉氏は二十代で若くして社長になられましたが、当時は就任披露パーティーも派手にやったようです。そこで夏子御祖母様は、「太賀吉はお酒を飲めない。彼にはこのお銚子で注いでほしい」と周りの芸者衆に言い含めたり、皆にご祝儀を配る、着物などを買ってあげるなど、根回しをすべてなさった。若い息子ではまだ、そのあたりの感覚がわからない、というわけですね。

――殿下が「明治の女の気概」というとき、御祖母様のことを思い出されるわけですか。

殿下　そうですね。ほかにも秩父伯母様（故秩父宮雍仁《やすひと》親王妃勢津子様）、高松伯母様（故高松宮宣仁《のぶひと》親王妃喜久子様）などの方々が思い浮かびます。

――ほんとうにたくさん、殿下の周りには明治の女性がいらっしゃった。

殿下　彼女たちは皆、芯が通っていましたね。そもそも女性だけではなくて、明治時代の日本人には豪傑が多かった。私は司馬遼太郎さんが好きで、彼の小説をよく読みますが、そのなかの登場人物である幕末・維新期の英雄は、坂本龍馬にしても、西郷隆盛、大久保利通、山縣有朋、伊藤博文にしても皆、じつは三十代です。六十代になったいまでも、司馬小説を読むと、まだまだ彼らにはかなわない、と感じます。

麻生信子様とご成婚(昭和55年)

逆に大正、昭和前期になるにつれて、日本人からは根性が消えていきます。〝ヒゲの殿下〟といわれた異端の皇族である私をかわいがってくださったのも、不思議と皆、明治生まれの方々でした。大正生まれの方々になると、煙たがって寄り付かなくなる（笑）。

――私も明治時代の人には気骨がある、とさまざまな機会に感じます。

殿下　政治家を見ても一目瞭然です。吉田茂さんの迫力は大変なものだったし、池田勇人さん、佐藤栄作さんも明治生まれ。財界人にしても、石田退三さん、土光敏夫さん、中山素《そ》平《へい》さんなど気骨ある人たちは皆、明治に生を受けている。

――日清戦争、日露戦争と勝ち進んでいきますから、自信に溢れていたのでしょう。日本人であることに自信を持っている方が多かった。

殿下　もちろん戦争だけではなく、江戸から明治に時代が変わり、劇的に世相が変化するなかで、「俺たちがやらなければ誰がやる！」という心意気が、士農工商すべての人たちにあったのではないでしょうか。

――眠っていた才能が、明治維新で花開いたような部分もあったかもしれません。

殿下　ですから女性軍も、女傑といわれる人たちは、ほとんど明治生まれです。ちょっと普通の男では、抵抗できません（笑）。

「祇園なるものに行こうじゃないか」

――殿下は『皇族のひとりごと』のなかで、お若いころから芸者さんとお遊びになられていた、とお書きでいらっしゃいます。

しかし私たちにとって芸者遊びとは、ある程度歳をとった会社の社長さんや会長さんの遊びであって、金額的にもけっして安いものではないイメージがあるのですが。

殿下　しかしトータルで考えると、それほど高くもないですよ。料亭というのはほとんどがオーナーお座敷ですから、若いころは「出世払い」といって、いくらでも〝学生割引〟してくれる（笑）。

これがたとえば銀座のバーだったら、ほとんどが雇われママさんですから、請求書に斟《しん》酌《しゃく》してもらえない。銀座のバーで飲むことに比べれば、はるかに安いと思います。

一番初めにお座敷で遊んだのは、柳橋でですね。スキー界の大先輩が連れていってくれました。

私のような「遊び人」は、放っておくとどこに行くかわからないので、ここで遊んでくれたほうが安心だといって、大人たちがしかるべきところに連れていってくれたのでしょう。柳橋の次は京都の祇園でした。

――祇園にはお一人で行かれたのですか。

殿下　一番最初はいま虎屋の十七代目の黒川光博氏の弟と一緒でした。彼とは学習院の同級生で、あるとき「祇園なるものに行こうじゃないか」という話になり、いま考えればほんとうに無謀な話ですが、黒川家のフォルクスワーゲンに乗って東京から京都まで、交代で運転しながら行ったんです（笑）。

――それは東京オリンピック（昭和三十九年）以前でございますか。

殿下　それより前ですね。

――そうすると、まだ道路もきちんと整備されていなくて、車で移動するにはかなり大変な時期ですね。

殿下　でも、当時から車が大好きでしたから、あまり大変だ、という感覚はありませんでした。ただそのときは車を出そうとしたら、「坊っちゃまと宮様が何かなさろうとしている」と黒川家の人々に悟られ、祇園に飲みにいこうとしていることがバレてしまい（笑）、彼の母上にまで伝わってしまったんです。

そこで御母上はどうされたかというと、なんと私たちよりも早く、電車で京都に先回りなさった。虎屋の本家は京都にあって、私たちが昔ながらの日本間の大きな玄関から座敷に入ろうとしたら、御母上が衝立《ついたて》の前で仁王立ちになって、「あなたたちー！」と。

――そうですか（笑）。

殿下　「若造で何も知らないのに祇園で遊ぼうとするなんて、なんて生意気なことを」とさんざ文句をいわれたのですが、そのうえで「私も一緒に行きます」とおっしゃったんです。

――機転の利く方でいらっしゃいますね。

殿下　それで祇園の有名な一力茶屋に連れて行ってくださったわけです。それ以来、私が行くところは一力茶屋。最初に行ったお座敷が、ホームグラウンドになるんです。

――勝手にお座敷を移ってはいけないという、じつに面白いシステムだと聞いたことがあります。

殿下　そうなんです。以前、宮内庁の京都事務所長を務めていて、国賓レヴェルのお座敷の手配をすべて取り仕切っておられた、たいへんな役人がいました。

芸者衆にも置屋さんにも顔が売れていたのですが、何を思ったか、その人が途中で自分のお座敷を代えてしまった。それから一瞬で、彼は皆から相手にされなくなった。そういう厳しさは、いまでも厳然として残っていますね。

だから私が仲間を誘っているときは、一力茶屋をベースにする。彼らが主のときは彼らのお座敷に行けます。

昔は祇園で遊んだのは、お殿様なり何百年続いた老舗《しにせ》の旦那衆といった人たちですが、彼らが遊んでいるとき、番頭さんたちは祇園の西にある先斗町《ぽんとちょう》で待っていたそうです。私はいまだに先斗町に行ったことがありませんが、あそこは家来の遊ぶところだ、と初めてのときから私の担当の女官長（と呼んでいる）に教えられました。

芸者とホステスの違いとは

――初体験の祇園は、いかがでいらっしゃいましたか。

殿下　あまり記憶は定かではありませんが、黒川氏の御母上のお付として虎屋の大番頭さんも京都にいて、四人で飲んだように思います。そのあとは大番頭さんが責任を持つとおっしゃって、御母上は二次会くらいでお帰りになった。それから私たち若造二人を大番頭さんが、いろいろなバーに案内してくれました。

でもそのバーも行き当たりばったりではなく、「今度はここで飲んでください」「次はここです」というかたちで、決まっているんです。先ほどお話ししたように、ここで遊んでくれるかぎりは大丈夫、というわけです。

それで三軒目ぐらいになると、お座敷を終わった芸者さんと落ち合えたりする。彼女たちと一緒に、また次の店に行ったりするわけです。先ほどの女官長が全部決めていて、いまに至っています。

――そうですか。いまはもう、そうとうなお歳でいらっしゃいますね。まだ現役でいらっしゃいますか。

殿下 私より十歳上ですけれど、置屋さんの女将さんとバーのママとして働いています。ほんとうにいろいろなことを彼女には教わりました。「お祝儀をどのくらい出す、このバーにいくら払うとか、そんなことを殿下はご存じないでしょう。札びらなんて切ったら、京都では嫌われます。私たちがすべていたします」といわれたのを覚えていますよ。

――殿下はお気を使わないで遊べるわけですね。一流の芸者さんは教養もおありで、凜《りん》としていらっしゃると伺ったことがありますが、そのあたりはいかがですか。

殿下 特段そんなこともなくて、ごくノーマルだと思います。とても歴史に詳しいとか、学問的に何かを突き詰めているわけではない。ただ毎日、どんなに夜遅くまで私たちと付き合って飲んだとしても、それから二時間くらい寝ただけで起きて、お稽古に飛んでいかなければなりません。

しかし、その芸事から滲み出てくる雰囲気と、先輩後輩の上下関係のなかで培われた躾は、クラブやバーのホステス衆とは全然違いますね！

ただ、中学校を卒業したらすぐ置屋さんに預けられて、舞妓として出て、それから旦那衆がついて……という昔の流れはもう、すっかりなくなってしまいましたね。いつだったか、祇園で学習院出身の芸者が来たときは吃驚《びっくり》したものです。

最近困るのは、私が気が狂ったように遊んでいたころの芸者衆は皆、おばさんになってしまって、足を運ぶと若い子を紹介してくれるのですが、年齢を聞くと「十八どすえ」といわれる。「娘より下じゃないか」と思うと、これはもう、どうにもならない（笑）。

――でも殿下は『皇族のひとりごと』のなかで、「私も六十とかの爺さんになったとき、若い娘のあとを追いかけているかもしれない」といったことをお書きになられていらっしゃいましたが（笑）。

殿下　若いといっても、やはり私の限界は三十五歳以上ですね。二十代の女性とは話が合わない。
数年前に金沢のお座敷で十八歳の舞妓が付いてくれたときに、「俺は、昭和四十七年に札幌オリンピックの仕事でサラリーマンをやったんだよ」という話をして、記憶に残っているオリンピックはどこからだと聞いたら、なんと二〇〇〇年のシドニーオリンピックです、といわれました。
つくづく私も歳をとったと思い、ガックリ来ました。そもそも私は、昔から歳上の女性ばかりと付き合っていたこともありますが……。

――ご著書のなかでも、歳上の女性が好み、といったことを書かれていらっしゃいます。

殿下　長崎に八重奴という、もう八十歳を超えた芸者さんがいます。それこそ麻生太賀吉氏たちが遊んでいた時代の芸者で、もうお座敷には出なくなっていますが、三、四年前、久しぶりに長崎に行ったとき、殿下のお座敷だということで、ヨボヨボだったけれど、出てきてくれた。太賀吉氏たちが大事にした芸者衆だから、私たちもまた、大事に面倒を見ていこうと思います。

プロポーズのきっかけは高松宮殿下のお言葉

――『皇族のひとりごと』のなかで、宮内庁の方に「おれは芸者と結婚してもいいか」と聞いたところ、答えにならない声を出した、とお書きになられていました（笑）。

殿下　べつに意図していた人がいた、というわけではなくて、芸者とか、クラブの女の子とか、八百屋の娘とか、そういう人と私が結婚したらどう思う？　という意味で聞いたんですよ。でもそれはべつに珍しいことではなくて、吉田総理の二番目のお相手（奥様は早く亡くなられた）は芸者衆でしたし、近年でも芸者衆の奥さんはたくさんいらっしゃいますから。

――しかしさすがに殿下の場合は、お立場がお立場でいらっしゃいますから。信子妃殿下とは昭和五十五年、殿下が三十四歳のときにご結婚なさいましたが、もともとご結婚なさるおつもりでいらっしゃったのですか。

殿下　札幌オリンピック（昭和四十七年）のときには、まだそんな気はありませんでした。ただ太郎氏には牛津《オックスフォード》大学在学中、私が二十二、三歳のときから勧められていましたね。

――そうでいらっしゃいますか。

殿下　太郎氏には、お金の使い方から始まって、何から何まで、いろいろなことを教えてもらいました。ほんとうに彼は根回しが上手な男で、世情に通じていますし、裏も表もよく知っている。

それで私の部屋で一緒にウイスキーを飲みながら語らっているうちに、「殿下のご結婚相手は、うちの妹ぐらいしかいませんよね」という話になったんです。いま彼にその話をしても、「そんなことはいっていません」ととぼけるんですけれど（笑）。

――面白いエピソードですね（笑）。

殿下　そのときまだ、彼女は中学生ですから。それまでにも一度、軽井沢で会ったことはありましたが、女友達の対象とは思わなかった。彼のいったことだから、頭の隅には残りましたけれどね。

とはいえイギリスにいるあいだにも、札幌オリンピックのときも、この人となら結婚してもいいかな、と思った女性がいたわけです。でも、いろいろな理由があって、結婚にまでは至らなかった。

そうこうしているうちに高松伯父様から、「お前はどうして結婚しないんだ。あれだけ麻生の家と仲がいいだろう。麻生家にはまだ独身の娘がいるはずだ。結婚してしまえ」とのお言葉があった。

私は高松伯父様に反対されたら何もできないと思っていましたから、最大の難関がＯＫしてくれたのだから、それでは、ということでプロポーズしたんです。二十七歳のときです。

ここで冒頭の話に繋がるわけですが、二度目の挑戦のときに太賀吉さんが、「そこまで殿下がおっしゃるなら、結婚を認めましょう」といってくれたわけですね。

——そうですか。ご著書では「女性はファニーフェイスが好きだ」といったことをお書きになっていらっしゃいます。しかし、妃殿下は典型的な美人ではございませんか。

殿下　彼女を美人と思ったことはありませんよ。長女の彬子が生まれたときも、新生児室にいる他の赤ちゃんで、「わが娘よりかわいいのがいたよ！」といって、帰りの車中で技官と護衛官に怒られました（笑）。

次女の瑶子が生まれたときは、看護婦さんが「この方は美人になりますね。百合子妃殿下にそっくりです」というので、いわれてみれば整った顔をしている、と思いましたけれど、彬子は可愛いタイプで、瑶子は美人系かもしれませんね。

——お二方ともお綺麗でいらっしゃいます。

殿下　秩父伯母様も美人という形容詞はあまり使われませんでした。高松伯母様は多くの人々から美人といわれました。

——たいへんな美人でいらっしゃいます。

殿下　私の母も美人というわけではないと思いますね。高松伯母様と比較したら、「美人」という声の多さが違います。ただ、姉（近衛甯子様）は、皆から美人といわれました。整った顔をしていると思います。

——貞明皇后陛下（大正天皇の皇后陛下）に瓜二つでいらっしゃいます。

殿下　貞明皇后のご還暦のときに生まれたので、皇后陛下もたいへんおかわいがりになられた。

——「私の生まれ変わりである」とまでおっしゃられた、と伺いました。

殿下　それで母が還暦のとき、瑶子が生まれているわけですからね。だから皆、それぞれの生まれ変わりなんですよ。

6　福祉への取り組み

皇族の方々と福祉の関係

――殿下は福祉団体「柏朋会」の会長でいらっしゃり、仙台にある重度障害者のための自立ホーム・難病ホスピス「ありのまま舎」の総裁も務めておられます。「身体障害者スキー大会」に対してもお力添えなさっている。

なぜ殿下はここまで福祉に打ち込まれるのでしょうか。そもそも皇族の方々と福祉とは、切っても切れないご縁がございますね。

殿下　奈良時代、聖武天皇のお后でいらっしゃった光明皇后が、悲田院《ひでんいん》と施薬院《せやくいん》という施設をおつくりになり、貧しい者たちに医療を与えよ、とおっしゃった。これが日本の福祉の曙《あけぼの》。私はそう思っています。

以来、皇族の福祉といえばハンセン病というイメージがありますが、この問題に積極的に取り組まれたのは昭憲皇太后（明治天皇の皇后陛下）でしょう。それを貞明皇后が引き継がれた。

素晴らしい話が熊本にあって、ハンナ・リデルというイギリス人が英語を日本人に教える

「全国身障者スキー大会」に台臨された殿下（昭和51年）

ため、一八九〇年に来日したんです。しかし、ハンセン病患者が野放しになっている現状に驚き、教師を辞めて回春病院という施設をつくり、医療活動を始めた。その後、彼女の姪であるエダ・ライトというイギリス人も活動に加わります。彼女たちの取り組みがきっかけで、日本の啓蒙活動は大きく進んだといえるでしょう。

しかしその後、ハンナ・リデルは亡くなり、エダ・ライトは第二次世界大戦前後にスパイ容疑で強制送還されてしまう。しかし出港前に皇太后府の皇太后大夫から、「皇太后様があなたのハンセン病への支援に対し、たいへん感謝しておられる。つつがなき旅を」という電報が来て、スパイの汚名が晴らされるんです。戦後、彼女はまた熊本に戻り、没後に勲四等瑞宝章が贈られました。

貞明皇后はほんとうに一所懸命、支援をなさいましたから、お隠れになったとき、先帝様、秩父宮、高松宮、三笠宮の四兄弟が、ご遺金の一部をハンセン病患者のために役立てよう、それだけではお金が足らないから、われわれがお金を足そう、となった。

それで昭憲皇太后の「若葉」のお印に因《ちな》んだ「楓」と貞明皇后の「藤」のお印をとって「藤楓協会」という財団法人をつくり、高松伯父様が初代総裁に就任されました。

——高松宮殿下も福祉にはご熱心でいらっしゃいました。

殿下　全国のハンセン病施設を妃殿下とご一緒にお回りになり、激励を続けられましたからね。そして私が福祉を始めて十五年ほどたったころ、「そろそろ面倒を見てほしい」とおっしゃったのです。

――そうでございますか。

殿下　それ以降、活動の動的な部分は私が担うことになりました。その後、高松伯父様が薨去《こうきょ》あそばされ、今度は高松伯母様から「あなたがすべてをやりなさい」といわれた。

しかし私は「伯父様と伯母様を神様のように思っているハンセン病患者がごまんといます。総裁にはなりますが、名誉総裁というかたちでお仕事をお続けください」とお願いしました。そして高松伯母様が薨去されるまで、名誉総裁を務めていただいたんです。

――妃殿下がお隠れになったあとは、殿下がすべてを引き継がれたわけですね。

殿下　そうです。音楽会、バーベキュー大会など、さまざまなイヴェントを行ないました。当時の駐日アルゼンチン大使の奥さまがプロのピアニストで、その方が「全国の障害者に自分のピアノを楽しんでほしい」といわれ、「全国縦断　ポリー・フェルマン　ピアノコンサートツアー」なる企画をつくったことがあります。

それで奄美大島のハンセン病の施設を訪れたとき、演奏後のレセプションで八十歳くらいったのおじいさんが、「六十年ぶりにライヴを聴いた。とてもよかったですよ」といってくださった。いまでも鮮烈に覚えていますね。

――そもそも殿下が福祉に関心を抱かれたきっかけは何だったのですか。

殿下　幼いころ、私は虚弱体質でした。だから自然のなかに放り込まれ、中三から高一くらいでその効果が現れた。それ以降は肉体的にも精神的にも虚弱でなくなって、威張りくさる不良ができてしまったわけです（笑）。

ちょうどそのころ、日米高校レスリング大会というイヴェントが富山の魚津市で行なわれました。両親が日本レスリング協会の故八田《はった》一朗会長ご夫婦と仲が良かったので、私もそこに連れていかれた。そこで市がつくった視察日程に、重度障害者の手に職を付けさせる「授産施設」が入っていたんです。

初めて福祉施設を訪れましたが、違和感を覚えました。薄暗くて雨漏りがしていて、お手洗いも壊れたまま放置されている。職員は威張っていて、障害者のほうが子ネズミのように小さくなっていました。私の母親は慣れたもので次々質問をしていましたが、私は「こういう関係は嫌だ」と思って、以来、すっかり福祉が気に入らなくなりました。

――お嫌いになってしまわれた。

殿下　その後しばらく時間があって、イギリスから帰ってきたあと、『皇室アルバム』でシャンソン歌手の石井好子さんと対談しました。

そのとき彼女が「宮様方は必ず福祉に取り組まれていらっしゃいますが、殿下はこれから何をなさるおつもりですか?」と聞いたんです。私は「福祉などというものは、四十〜五十歳くらいになって人間が出来てからやりますよ」と答えた。当時の『皇室アルバム』は高視聴率番組でしたから、その後、青少年育成で沖縄を除いた四六都道府県を歩いたとき、各地で大不評を買いました。「なぜ殿下は福祉を応援してくださらないんですか?」と。

自分も虚弱体質だったけれど、応援団長やスキーをやって、牛津大学《オックスフォード》ではボートにも乗った。自立したい気持ちが本人にあれば、またそれを温かくサポートする人がいれば、絶対に自立できる、という原点を自分で知っていましたから、「そういう暗いのは嫌いだよ」といっていましたね。

片岡みどりさんの教え

殿下　そういうことがあって、青少年育成とスポーツ振興をしばらくメインの公務にしよう、と思っていたのですが、その後、故片岡みどりさんという素晴らしい女性に出会うことになります。彼女が私に、福祉の何たるかを教えてくれた。「身障友の会」という団体を率いていましたが、その活動を見て、応援するようになったんです。

——どこで出会われたのですか。

殿下　私の仕立て屋さんが、「ある障害者団体に頼まれて、洋裁を教えているんです」という話をしたのがきっかけです。「何をつくるんですか」と聞いたら、「車椅子に乗ってダンスパーティーに行くためのドレスや礼装、あとは車椅子用の雨合羽です。今度そのファッションショーをやるんですよ」といわれた。面白い発想だ、と思って、「たしかにそういうファッションがあってもいいですね」と答えました。素晴らしいショーでした。その障害者団体の代表が片岡さんだったんです。

そのとき、片岡さんが「身障友の会」で軽度の脳性麻痺で言語障害がある女の子に自分の半生を朗読させました。私はスキー部の仲間とそれを見て、「なぜ言語障害の人間にこんなことをさせるのか」と思いました。

しかし最後に女の子が面白いことをいったんです。「今日一番嬉しかったのは、聴衆の皆さんが最後まで、私の話を聞いてくれたことです」と。

――それは鮮烈な言葉ですね。

殿下 その言葉を聞いて、私は福祉の原点が初めてわかりました。それまでも言語障害の人が必死になって私に話し掛けることがありましたが、ずっと聞いていることができず、「わかった」と途中で話を切っていた。しかし彼らにしてみれば、あれだけ練習して宮様に自分の気持ちを伝えようとしたのに、何もできなかった、残念だと思っただろう、そう理解できたのです。

その後の打ち上げ会で片岡さんに「かなづちで頭をゴッンとやられた気持ちでした。福祉に対する私の見方は間違っていた」といいました。「しかしそれにしても、もう少しうまく話せる人にやらせる方法もあったのではないか」と聞いたところ、「そういう考え方もあるでしょう。しかし、彼女たちには人前で話す経験自体がありません。訓練の場を私たちは与えているんです。今日うまく話せたと思えば、もっと努力するはずです」と返された。

もう何もいえなくて、「これまで福祉は嫌いだと公言してきたけれど、あなたのところは本物だ」といいました。そこから「身障友の会」を応援することになって、たんなる後援会ではつまらないから「身障友の会」応援団をつくったんです。

――殿下がおいくつのときでいらっしゃいますか。

殿下　二十七歳ですね。そこからズルズル福祉の世界に引きずり込まれ、足が抜けなくなった（笑）。

弟の桂宮が病で倒れ、重度の言語障害で車椅子生活になったときにも、彼女の教えを思い出しました。小康状態になって初めて弟が外へ出た日があったんです。そこで「リハビリはどうだ。きちんと真面目にやっているか」と聞いた。弟は何か話そうとしましたが、代わりに「宮様はこのようなスピーチセラピストに週○回、掛かられていらっしゃいます」と介護をしていた人間が答えてしまった。「あなたにではなく、弟に聞いているんだ」といって、私は最後まで答えさせました。

それからしばらく会話をしていたら母親が来て、「宜ちゃん久しぶりねえ。お元気でちゅか」と幼児言葉を使ったんです。

これには怒りました。「いったい何をやってるんだ」と。「弟はスピーチセラピストに習い、懸命に回復しようとしている。そういう言い方をしてはいけない」といいましたが、考えてみれば、それまでわが家に言語障害の人はいませんでしたから、私のような専門家でなければそのような対応になってしまうのも仕方がない、と思いましたね。

桂宮宜仁親王殿下の還暦パーティーに集われた三笠宮家の方々（寛仁親王邸にて）

その後、弟を私の仕事にかこつけて、オーストラリアにまで連れていってしまいました。「お前は日豪協会の総裁だろう。段取りは付けてやるからオープニングスピーチをしなさい」といって。前日までに見事なスピーチをつくり、「万一、言葉につかえてしまったら、私が取って代わる」ともいいましたが、たどたどしいところもなく、彼はすらすらスピーチを読み通しました。

弟のように、ハンディがあっても頑張る人間を外国人は認めるんです。「細かい部分は私の兄が企画していますので、これから兄が話します」といって「サンキューヴェリマッチ」と弟がいった途端、全員がスタンディングオヴェーションをしたんですよ。

――素晴らしい光景だったでしょう。

殿下　その後私が話そうとしても、数分間拍手が鳴りやまなかった。彼はすっかり自信を持って、大相撲がオーストラリア巡業を行なったときにも案内役を買って出ました。

そもそも私が弟を海外に連れていったのは、片岡さんがすでに四十年前、障害者を連れて海外旅行に行ったことを知っていたからです。まずは何でもやらせてみる。そこでできる、となれば、怖くなくなりますからね。

「柏朋会」誕生

——殿下は「身障友の会」でどのようなご活動をなさったのですか。

殿下　片岡さんはプロ好きでした。先ほどの仕立て屋さんも、「あなたは日本一の仕立て屋だから、障害者に洋裁を教えてほしい」と彼女にいわれたそうです。ならば私は何を教えましょう、と聞いたところ、「殿下はフォークソングを教えてください」といわれました。

——殿下は楽器演奏のプロでもいらっしゃいます。

殿下　さらには照明のプロ。舞台監督のプロ。大道具、小道具のプロ。語学のプロもいました。彼女のポリシーは、健常者がやれることはすべて障害者もやれなければ駄目だ、というもので、それをプロの指導を通じて実現させた。

——素晴らしい思想ですね。

殿下　しかし、彼女は夫との仲があまりうまくいかなくなってから、少しずつ路線がおかしくなっていった。私にはそんな気はさらさらなかったのに、「殿下にこの会が乗っ取られてしまうのではないか」と怪しむようになったんです。

――ずいぶんおかしな言い分ですね。

殿下 だからあるとき「身障友の会」応援団の幹事会で、「今日はちょっと重要な話をするよ。あなたたちも気づいているかもしれないけれど、最近、片岡さんの様子が変だ。私はもう、彼女を応援することをやめようと思う。でもせっかく皆さんは福祉を学びはじめたのだから、集団合議制で応援団を継続してほしい」といったんです。

そうしたら「殿下、何をいっているんですか」と皆にいわれました。「殿下が必死に片岡さんの変化を我慢しているから、私たちも同じように耐えたんです。私たちは福祉を続けたいし、殿下の教えがあるから『身障友の会』に入っているんです」と。

「それでは『身障友の会』とは関係のない、まったく新しい会をつくろう」。そういってできたのが、いま私が会長を務める「柏朋会」なんですよ。

――紆余曲折の末に、いまの「柏朋会」があるわけですね。

健常者が太刀打ちできない障害者たち

――殿下が福祉のお話をなさるとき、健常者にも障害の部分がある、障害者にも健常な部分がある、とたびたびおっしゃいます。

殿下　「一〇〇パーセントの障害者がいると思うか」「一〇〇パーセントの健常者がいると思うか」と私はよくいうんです。私自身、まだ健常部分が多いかもしれませんが、度重なる手術でそれがかなり低下してしまった。書くことも、話すこともできるけれど、たとえばスキーヤーとしてはもう、完全にギヴアップせざるを得ないわけです。

――私も同じです。ものを書けなくなったなら、何が健常といえるか、自信がありません。

殿下　逆に、世の中で障害者と呼ばれている人でも、健常者が太刀打ちできない人がいる。

――殿下が総裁を務められる「ありのまま舎」の山田富也さんは、かなり重度の筋ジストロフィーでいらっしゃいますが、常務理事をお務めです。

殿下　名古屋に「愛知県重度障害者の生活をよくする会」の常務理事を務める山田昭義という人物がいます。彼が私に山田富也を紹介してくれました。仙台で全国車椅子集会があったとき、「柏朋会」の会員と山田昭義たちが交流して、「うちの親分は殿下だ。クリスマスになるとダンスパーティーやファッションショーをやったりして面白いから、一度来ないか？」という話になったらしいんです。

――そうでございますか。

殿下　そのクリスマスパーティーで山田昭義と初めて会ったとき、「仙台にも山田寛之という男がいるから応援してください」といわれた。それが山田富也の一番上のお兄さんでした。彼らは三人兄弟で皆、筋ジストロフィーでしたが、長兄は三十三歳で、次兄は三十四歳で死んだ。山田富也だけがまだ、五十七歳で生きています。

彼らのスローガンは、「健常者と変わらない、ありのままの社会生活がしたい」というものので、その後、市民対象の講演会で「健常者と障害者の区別はない」という話をしてほしい、と頼まれた。そこから三兄弟との付き合いが始まりました。

――殿下のお考えと似たところがあったわけですね。

殿下　それまで筋ジストロフィーに罹《かか》った人間は皆、病院で死んでいましたからね。その後、厚生省が「患者も自立しなければ」と言い出し、二〇人定員の小規模の自立ホームをつくってよいという通達が出た。その第一号を山田富也が「私がつくりたい」といったんです。自立ホームは障害者自らが家賃負担を行なう仕組みで、そのために何らかの収入を得る必要がありますが、「一歩前進。『自分で稼ぐ』生活を送ることが自立への第一歩だ」といいました。

――まさに「ありのまま」の社会生活です。

殿下 しかし少し困ったこともあって、通達の条文のなかに「医療と介護を要する人を除く」と書いてあったんです。つまり、軽度の人たちは自立ホームに入居できるけれど、脳性麻痺や筋ジストロフィーの人たちは入れなかった。
われわれは政治家に働きかけました。参議院議員だったコロムビアトップさんは面倒見がよくて、ほんとうに一所懸命になってくださった。竹下内閣のとき、「重度でも構わない」というかたちに条文が変更されたんです。

――殿下のお力添えの賜物ですね。

殿下 そして山田富也は自らがつくった自立ホームの常務理事に収まった。寝たきりなのに常務理事の座について、すべてを統括している障害者。普通の健常者ではとてもかなわないでしょう。

キーワードは「ギヴ＆テイク」

殿下 先日も、ALS（筋萎縮性側索硬化症）という難病の世界大会が日本でありました。日本側の親分は女性ですが、彼女は娘と目だけで理解しあえるんです。

――すごい技術ですね。

殿下　口も利くことができませんからね。私が挨拶をしたら、一所懸命お礼をいってくれるんですが、娘がそれを通訳するんです。最初はほんとうに吃驚《びっくり》しましたが、「苦労したけれど、ここまで意思疎通が取れるようになりました」と娘は話していました。

あるいは目が見えない、耳も聞こえない盲聾者という身体障害者がいます。福島智《さとし》という学者はその盲聾者ですが、彼はいま東大の教授です。金沢大学にいたときから知っていましたが、彼を山田富也が「自立大賞」として表彰した。そうしたら東大に引っ張られたんです。

彼は点字を指で伝達する「指点字」を使う。「おう、福島、久しぶりだな」と私がいうと、奥さんが指点字をやり、福島が話し返す。面白いのは少しタイムラグがあって「元気か?」と聞くと、何秒か遅れて「殿下、まだ生きていらっしゃったんですか?」と返ってくる(笑)。「それは露骨な話だ」と言い返すと、彼女がまた指点字をやって、「いまはどんな調子ですか?」と繋がるんです。

――なるほど。

殿下　医学的にいえば彼らは重度障害者だけれど、大変な努力をしている。だからこちらも「お前たちがやりたいことを俺たちもやってやる。カヴァーしあおう」と思うんです。逆にいえば、けっしてすべてを持ち上げることはしない。フィフティ・フィフティ以上、「ギヴ&テイク」が私のキーワードです。これまでの福祉はギヴギヴギヴ、テイクテイクテイクだったわけですから。

――障害者の方と接するのはほんとうに難しくて、どこまでやったらよいのか、ということをつねに考えてしまいますが、あくまで「一人の人間としてどう接するか」ということを忘れてはいけないということが、今日のお話からよく分かりました。

7　スキーと福祉

障害者にスキーを教えるきっかけ

――殿下は障害を持つ人がスキーなどのスポーツを通じて自立し、社会参加を行なえるよう、積極的にご指導に当たられ、「身体障害者スキー大会」にもお力添えなさっています。そもそも障害者にスキーを教えるようになられたのは、どのようなきっかけからでしたか。

殿下　もともとは笹川雄一郎さんというプロスキー学校長だった人が、カナダから持ち帰った「アウトリガー」という補助具を業界誌に紹介したことで、全国から障害を持つ七人のスキーヤーが、氏に教えを乞いにきたことから始まりました。

その人々が後援会をつくりたいという会合をしたとき、私も呼ばれて、スキーと福祉の二足の草鞋《わらじ》を履いておられるのは殿下だけです、といわれて、否も応もなく、彼らのコーチをすることになりました。

数年後に、大阪から突然話が来ました。大阪市長を務めておられた大島靖さんという素晴らしい方が、長居陸上競技場に世界一大きな障害者のスポーツセンターをつくったことが端緒です。

「八甲田山岳スキーツアー」に参加された殿下（平成14年）

ある年、秩父伯母様がそのスポーツセンターをご視察なさいました。そこで、大島市長は一通りご案内を終えたあと、「甥御様は福祉の仕事をなさっていて、スキーの先生でもいらっしゃる。私はこの障害者施設をつくりましたが、残念なことに、ここでは夏のスポーツしかできません。できれば冬のスポーツも、大阪市民に教えてあげたい。そこで、殿下にサポートをお願いできないでしょうか」と切り出されたんです。

その話を受けて伯母様が、「市長からこんな頼まれごとをされたから、力になってあげなさい」と私にお電話をくださいました。

――当時、殿下と大阪市の関係はいかがでしたか。

殿下　当時、青年会議所の仕事でたびたび大阪に足を運んでいました。そして市長と「泊まっているホテルのロビーでお目に掛かりましょう」となったのです。そこで彼は、「何としてもスポーツセンターに来る人たちにスキーを教えたい。しかし、私たちにそのノウハウはありません。殿下に雪上のことはすべてお願いしたいと思います。その他の実務はすべて市が責任を持ちます」といったのです。

そこまでいわれたら仕方がないので、私は同僚であるプロのスキー教師を一〇人ほど集めました。そこから「大阪市身体障害者スキー教室」が始まったんです。今年でもう、三十四年目を数えます。

――そうでございますか。具体的にはどのように、障害者の方にスキーをお教えになられるのですか。

殿下 たとえば視覚障害者のクロスカントリースキーの場合、「三〇メートルほど先に緩い右のカーヴがありますから、そのつもりで進んでください」とか、「あなたはいま、牧場の横を走っています。すぐ側には牧草のサイロが見えます」などと、具体的な描写についても言葉で伝えるようにしています。

――まさにスキーと福祉の両分野を跨《また》ぐようなご活動ですね。しかし、われわれ健常者にとって、障害者の方と接するのはほんとうに難しく、いったいどこまでコミットメントすればよいか、ということをつねに考えさせられます。そのような問いに対し、殿下はどのようにお答えになられますか。

殿下 「一人ひとりに、してほしいことを聞くように」と答えていますね。そもそも「脊椎性小児麻痺です」「脳性小児麻痺です」などといっても、症状は千差万別だし、義足を付ければ歩ける人もいれば、車椅子に乗っている人もいるわけで、一律に扱うのは不可能です。私はよく、「視診、問診、触診はするように」と話します。見て診断、問うて診断、それから本人の身体に触れてみて診断。普通の方々はその情報から判断をすればよいでしょう。遠慮しないことが大切です。

オリンピックとパラリンピックの違い

――ちなみに殿下は障害者のオリンピックといわれるパラリンピックについて、どのようなお考えをお持ちでいらっしゃいますか。

殿下　パラリンピックは視覚、聴覚、肢体障害、内部疾患などの障害者のための大会ですね。知的障害のスポーツ大会としては、スペシャルオリンピックスがある（冬のパラリンピックには知的障害も含まれるようになった）。しかし私は特段、そのような健常者と障害者の区別は必要ない、と考えています。

私が中学生のころから（山・スキーの）指導を受けていた先生で、残念ながら亡くなられてしまいましたが、速水潔さんというノモンハン事変のときに手榴弾で片手を飛ばされた方がいらっしゃいました。

北海道ではとても有名な方で、登山では北海道の遭難対策のリーダー、スキーのほうでも

殿下は両女王殿下にもスキーをコーチされている（後方は彬子様）

彼と彼の仲間によって、旭川を中心としたスキー指導員の歴史は創設されたといってもよいでしょう。

速水先生はほんとうに、驚くほどスキーが上手でした。彼がラッキーだったのは、肘から三～五センチくらいは腕が残っていて、義手を左右上下に動かすことができたのです。だから誰も彼に片手がないと気づかなくて、一緒にお風呂に入ったときに初めて、「えっ？ 片手がないんですか」という話は嫌になるほどありました。

彼のようなスキーヤーに私は教えを受けましたから、当時から、健常者と障害者のあいだに大した差はない、と私は本能的に知っていました。いまでもその考えに、大きな変化はありません。

「愛・地球博」の反省点とは

――一方で、殿下は二〇〇五年に愛知で行なわれた「愛・地球博」にも、多大なお力添えをなさった、と伺っております。

殿下　「愛・地球博」の事務総長（後に副会長）は坂本春生《はるみ》さんという方で、女性通産官僚の草分けです。日本の国家的なイヴェントで女性がトップになったのは、「愛・地球博」が初めての例ではないでしょうか。

――おっしゃるとおりですね。

殿下　もともと彼女とはお付き合いがありましたが、あるとき、名古屋のホテルで目の前を颯爽《さっそう》と歩いている女性がいる。どこかで見たことがあるな、と思ったら彼女でした。「なぜここにいるんですか」と質問したら、「いま『愛・地球博』の事務総長に就任いたしております」といわれた。彼女が事務総長だったからこそ、私も真剣に力を貸したい、と思いました。

そもそも私は「愛・地球博」には反対の立場だったんです。森林の環境破壊などの問題、さらには私が参画した「沖縄海洋博」が順調に行かなかった経験がありましたから、会長であるトヨタ自動車の豊田章一郎さんにも、「私は反対だよ」と伝えていました。

しかし、そこで章一郎さんから、「じつはフランスの万博協会の事務局から、『四年に一度開催する万博のあり方に、われわれは限界を感じています。そしてまだ、二十一世紀の万博の形をわれわれははっきりと提示できていない。これまで日本人はことごとく、すべてのビッグイヴェントを成功させてきた。ここはもう、日本にお願いするしかない』といわれました。だから引き受けたんです」という話を聞きました。それを聞いて私も、「なるほどね！」となったのです。

それ以前から私は、豊田市に社会福祉法人「とよた光の里」という重度障害者の施設をつくったりして、トヨタ一族とは仲がよかったですからね。

――具体的にはどのようなお力添えをなさったのでしょうか。

殿下　万博会場には、子供、妊婦、高齢者から障害者、そして外国人まで何百万もの人が来ます。車椅子にどう対応するか、手話・点字の手配はどうするか、そのようなノウハウを、各パヴィリオンに教えてあげました。

ガードマン、パヴィリオンのコンパニオンにいたるまで、私と愛知県下の障害者団体のリーダーたちが研修を繰り返しました。

――殿下ならではのご発想です。

殿下　さらにはソフト面だけではなく、ハード面にも力を注ぎました。万博会場はとても不便な場所にあるから、バスを使って人を往復させるしかない。しかし、バスが足らない。

幸運なことに、私は東京モーターショーの総裁なので、日本自動車工業会に依頼して、「万博の事務局は名古屋市内を走っているバス会社に依頼するようだが、あなたたちもヴォランティア精神を発揮して、加盟している全バス会社の低床バスを期間中、提供したらどうですか」と頼みました。彼らは私の考えに賛同してくれました。

さらには会場内で車椅子をどうするか、という問題もあった。私は「障害者は自分の車椅子を持っているけれど、高齢者や幼児、妊婦のためにも車椅子を用意しなければならない」と話し、万博協会は五〇〇台（その後もっと増えたはず）の車椅子を用意しました。そしてそのすべてに、車椅子用のショックアブソーバーを付けたのです。

そのショックアブソーバーは、三菱重工の下請けであるカヤバ工業の加藤君という人の発明で、じつに素晴らしいものです。彼はそれに「ポルテ」という名前を付けて、仕様書をつくって見せにきました。「面白い。一号機は車椅子で生活を送っている桂宮のために買う」と私はいいました。そのショックアブソーバーを、事務総長である坂本春生さんにも薦めたのです。

——準備は万端ですね。

殿下　低床バスとショックアブソーバーのおかげで、障害者から非難の声は一つも上がりませんでしたね。障害者が優遇されすぎている、という話があったぐらいですから。

——当時、障害者がとても優遇されたことが話題になりました。

殿下　パヴィリオンの前で何時間も待つのは大変だから、おばあちゃん、おじいちゃんたちが障害者のふりをする、ということもあったらしいし、歩いていくつもりが「これは便利だ」となって、「車椅子を貸してください。ぜひ、介護の人もお願いします」というのもあったそうです。

――そうすると、優先的に入場できるわけですね。

殿下　「柏朋会」の会員は皆、謙虚だから、「何百人も並んでいる前を通り抜けてしまう。恥ずかしくて困りました」と話していました。「そのくらい優遇されてもいいんだよ！」といいましたが、少し行きすぎた面もあったかな、という反省もありました。

福祉にイデオロギーは関係ない

――しかしほんとうに、殿下の福祉に対する思い入れには並々ならぬものがございます。『いのちの時間』（新潮社）というご著書のなかで、共著者である作家の澤地久枝さんが、「寛仁さんと呼ばせていただきます」などとおっしゃった部分を見て、なんと失礼な発言をする人だろう、と驚きました。

もし私が殿下のお立場であったなら、「そんなことをいうならば、あなたとはもう仕事はしない」といってしまうだろう、と。しかし殿下はそれでもよしとされ、ご一緒に本をお出しになった。

その懐の深さはおそらく、福祉に対する思いのお強さでもあった、と感じるのですが。

殿下　私は作家の阿川弘之さんと仲が良いのですが、その本を彼に送ってあげたら、「同業者にこんな人がいるなんて信じられない」といっていましたね（笑）。でも澤地さんは、「ありのまま舎」の山田富也常務理事をサポートする同志で、仲が良いんですよ。

――そうなんですか。

殿下　山の世界には、私とは違った主義主張の人たちはごまんといますよ。でも皆、山が好きというところは一緒だから、私は気にしません。

北海道で合宿をしているとき、「彼と彼はマークされていますから、お気を付けください」と警察からよくいわれたものです。しかし彼らは純粋に山が好きだから、きちんと私のいうことを聞いてくれましたね。

しかし福祉の分野はまた少し違っていて、障害者のなかに左翼の人たちが紛れ込み、彼らの面倒を見ながら、盾にもする、という構造がよく見られます。しかしわれわれはそういうことにお構いなしに実践活動を続けてますから、全然イデオロギーが違っても気にしませんね。昔はずいぶん過激派に邪魔もされましたが、最終的には実践行動が勝ちます。

――イデオロギーは左寄りであっても、実践は素晴らしい、という例はございますか。

殿下　三十年ほど前の話になりますが、東京に「朝焼け事業所」という無認可の事業所がありました。小さな事業所でお金が足らず、彼らの代表が「柏朋会」に、「援助していただけませんか」といってきたんです。

「私たちの援助の方法は、例会に来ていただき、会員の前で行なっている事業の説明をしてもらう、というものです。その後、担当者が現地に伺ってチェックをさせていただき、そこで合格すれば、いくらでもご希望のお金を出します」と答えました。

そうしたら東京・三田の福祉会館の例会に、「朝焼け事業所」の代表が三人やってきた。そのリーダーが有名な共産党員だったんです（笑）。日本の警察はきちんと調査しているんですね、「殿下、ほんとうにいい加減にしてください」といわれました（笑）。

――大変な事態でございますね。

殿下　しかし私は気にせず、せっかくここに来ているのだから、話を聞いてみようといって、四〇人近くの会員全員で彼らの話を聞いたのですが、じつに至極真っ当なことをやろうとしている。三人が三人、理路整然と説明をしてくれました。

理想と現実をきちんと判断できていて、啓蒙活動と実践活動、その両方を行なってきた。しかし、どうしてもお金が足らない。「なんとか、援助していただけませんでしょうか」と話すので、「ともかく来週、担当者を出すから現場を確認させてほしい」といいました。

当日、私は足を運ぶことができませんでしたが、見学にいった幹事たちが、「殿下、彼らはほんとうに大したものです。とても立派なことをやっています」と報告してくれた。「それでは希望を認めましょう」といって、彼らが認可されるまで、毎年支援しました。

――その後、きちんと認可が下りたのですね。

殿下　そこで「貴方たちはもう独立し、自立したわけだから、援助も打ち切ります」と告げました。感謝されましたね。こういうケースは結構あるんですよ。

日本社会は何を改善すべきか

――最近、「バリアフリー」などの言葉が流行《はや》りのように使われ、実際の街並みも少しずつ、障害者に対応して変化してきた観がありますが、日本社会の障害者に対する視点は成熟してきている、とお感じですか。

殿下　まださまざまな側面で、改善の余地があると思います。いたるところであちらを立てればこちらが立たず、という例がある。

「身障友の会」応援団のとき、車椅子の人が段差のために横断歩道を渡れないから、「段差をなくしてスロープにしてほしい」というので、故片岡みどり代表と行政や業界にアピールをしたことがあります。そうしたら驚いたことに、盲導犬協会が怒ってしまった。

盲導犬というのは段差で止まる訓練をされているから、坂になっているとそのまま進んでしまうというのです。全盲連の会長たちはよく知っていましたし、盲導犬協会の人々も知っていましたから、彼らに「申し訳ないが、訓練方法を変えてほしい」といいました。いまどうなっているかは判りませんが……。

――単純には解決できない問題ですね。ほかにはどのような部分で、矛盾を感じられますか。

殿下　ヘレン・ケラーと友達だった岩橋武夫さんという全盲の素晴らしい方が、視覚障害の人の自立と社会参加を支援する社会福祉法人「日本ライトハウス」を創設しましたが、彼の友人が、歩道に敷かれている点字ブロックをつくったんです。私も何百回と靴の上から踏んでいるけれど、白杖の人であれ盲導犬であれ、彼らはそれだけを頼りに見事に進んでいきます。

ただ問題があって、すべての電車のプラットフォームのブロックの位置とフォームの端との距離が統一されていませんね。

――たしかにそうですね。

殿下 新幹線は全部統一されていると思いますが、在来線は、JRも私鉄にしてもまったく違う。視覚障害者は、われわれ健常者よりもはるかに感覚が敏感ですから、自分が慣れている場所であれば、何の不都合も感じません。しかしいったん違う場所や違う駅に行った場合、急には変更できないところがたくさんありますよね。まだ全体を見渡せば、日本社会には改善点がたくさんあります。

――ほんとうに障害者目線に立ってこそ、必要な障害者への対応が見えてくるわけですね。殿下の地道なご努力が少しずつ実を結んでいるような印象を受けました。そしてこれからは、私たち一人ひとりが何かしらできるかたちで、福祉に参加できたら素晴らしいと思います。

8 昭和天皇

先帝様は別格官幣大社

――昭和天皇について、殿下の思い出やお考えをお語りいただけたらと思っております。殿下が初めて昭和天皇に直接お会いになられたのは、何歳くらいでいらっしゃいましたか？

殿下　古い話なので母に問い合わせて聞いてみたところ、誕生して百日祭の儀のあと、宮中三殿に初参拝をし、その後、両陛下に拝謁を賜わったそうですから、「ゼロ歳」のときということになります。

当然記憶はありません。陛下とお話が成立したのは、神事や宮中行事の最中にはほとんどありませんから、陛下のご親族の会である「菊栄親睦会」のときとか、お正月の未成年皇族拝賀のときなどに御下問があり、それに対して「はい」「いいえ」くらいのお返事を初等科のころ、したと思いますが、内容はまったく記憶にありません。私自身、少年期は極め付きのおとなしい子供でしたし、子供心に特別な方だという意識がありましたから……。

――私たち日本国民は、昭和天皇に対して何か特別な敬愛と尊崇の念を持っております。たとえ左翼的な思想をお持ちの人でも、昭和天皇を人間的に尊敬しているように見受けられます。つまり思想とは別に一人の人間として、昭和天皇は溢れるような魅力で国民を惹きつけておられました。この点、殿下はどのようにお考えになりますか。

殿下　おっしゃるとおり、主義主張が違って天皇制に反対している人たちでも、個人としての先帝様を悪くいった人はいないのではないでしょうか。すでにさまざまなところに書いていますが、六十二年間の半生で無数の国内外の人々に会ってきましたが、先帝様は比較対照する人間が存在しない、別格官幣大社でいらっしゃいます。

下世話でかつ、畏《おそ》れ多い喩え話になってしまいますが、大正天皇の四人のお子様を考えたとき、秩父、高松両伯父様と父は、生意気なようですが、私が同じ人間として、男として、仕事師として、負けていない部分というより、勝った部分がいくつもあると自負できるところがあります。

しかしながら陛下は人間の格が違いすぎて、「勝負」するなどという発想が湧いてきません。このことを昔から私は、「逆立ちしても勝てない！」といっていました。

理由は無数にありますが、台風のときなど、まず「稲穂の状況と民草の被災の様子」をつねに心配されて御下問がありましたよね。これが見事に自然なんですね！　心からいっておられることが、われわれに直《じか》によく伝わってきました。地元の人々はこの「お言葉」で勇気を与えられますし、奮起しますよね。

もう一つ挙げれば、この方以上に「公平無私」でいらした方を私は知りません。公的には国の再建・再興が成っていないことを理由に、長いあいだ宮殿の造営をお許しにならないで、「お文庫」（後の吹上御所）と呼んでいましたが、あれはもともと防空壕として建てたものを増築したものであり、そこにお住まいになっていました。質素というよりそれ以下のご生活だったわけで、他国では考えられないでしょう。

――たいへん質素なご生活をしておられた、とよく伝え聞きます。

殿下　戦前はどういう計算方法をするのか知りませんが、世界で四番目の大金持ちだったという記述を読んだことがあります（御料林から何から何まで、すべてを入れればそうなるかもしれない）。しかし、戦後は全部国に返納なさって毎年内廷費（歳費）で生活をなさっていたわけですから、世界の王皇族のなかでも最低クラスだったことは間違いないでしょう。

客観的にいえばこうなりますが、陛下にはもともと「贅沢」という発想がおありにならなかったんじゃないでしょうかね？　と同時に「質素」でなければならないという硬直したお考えもなくて、自然体でいつもいらした。国の経済が悪いときは国民全体に合わせるのが当然だという姿勢で、復興途上にあれば、新宮殿の造営も国の決めたことだから従うという態度で受け入れられるというのが真実じゃないでしょうか。

――ご無理なさって質素にされたわけではなく、あくまで自然体でいらしたわけですね。

殿下　そうですね。さらには人々の意見をじつによくお聴きになって何でもご承知だったけど、依怙贔屓《えこひいき》ということが皆無だった方だと思います。取り上げられる意見は、その司にいる人々の言葉であり、けっして仲の良いお気に入りの人間とか、親族のなかの気の合う人間といった人々の意見はお取り上げになりませんでした。こういうところの徹底ぶりは見事で、普通の人間にはとてもできないでしょう。

それでもお若いころは、書物によるといくつか失敗をなさったみたいですが、私のお目に掛かった時代はゼロであったと思いますね。

あと人間の魅力という意味からは少し外れますが、陛下がおられるところはすぐ分かりました。大きな会場でも小さな会場でも、入った途端、あそこにおられるということが、特別、陛下の周りに多勢の人垣があるわけじゃないんだけれども……。あれを今風にいえば、「オーラ」をお持ちになっておられたというんでしょうね。

――先ほどお話に出ましたが、昭和天皇は殿下の御父上の兄宮、つまり殿下の伯父様です。御父上から昭和天皇のお話を伺ったことはございますか。

殿下　父は先帝様のことはおろか、戦前のことも戦後のことも、ほとんどしゃべったことがありませんね。あの年代（大正初期）の人々はおおむね同じなんでしょうが、少なくとも、難しい問題について聞いたことや議論したことは、いまでも皆無に近いです。古代オリエント史のことだとエンドレスにしゃべりますが……。

――それでは御母上の百合子妃殿下が、昭和天皇、そして香淳皇后について、思い出を語られたことはおありですか。

殿下　母は人のことをほとんど批評しない人ですから、陛下や香淳皇后の論評なんて考えられませんでした。その代わり、行儀や言動の悪いわれわれに、両陛下にお目に掛かる前にうるさく注意されたことだけは、あまりにもそれが多かっただけによく憶えています。

母は、夫である父が学者で、家族のこととか教育や躾を母に丸投げしていましたから、困っただろうと思います。四人姉妹の二番目で、男の子の生態なんて判るべくもない家に育ったわけで、小さいころから秩父伯母様、高松宮両殿下のところによくわれわれを行かせていましたね。「何でもご存知の凄い方たちだ！」といって、お招きがあるときは必ず出していたし、大人になってからは私は自分でお訪ねして、さまざまなこと（あらゆること）を伺うようにしていました。

だから両親と人生を語るよりも、量的には伯父様両伯母様のほうが圧倒的に多かったし、いまそれが大いに役立っていますから、母の深慮遠謀だったのでしょう。

——殿下の『思い出の昭和天皇』（共著、光文社）を拝読いたしますと、昭和天皇がじつに細やかな気配りをなさる方であることがとてもよく理解できます。母宮の貞明皇后様から引き継がれたお血筋かなという気がいたします。

殿下 貞明皇后とはお話をした記憶も残っていませんし、母を通して偉大な方だったという話はたびたび聞きますが、ご性格や先帝様に対するご教育などを目の当たりにしたわけではありませんから、お答えの仕様がありませんね。

ただ、無数の御進講をした人々の後日談とか園遊会等での国民たちとの触れ合いを拝見していると、じつに的確で当意即妙な受け答えをなさっておられたのは皆様もご承知でしょうし、これらは事前の下調べと記憶力の凄さが相俟《あいま》って、結果として人から見ると見事な「気配り」になるのでしょう。陛下が意識なさって「気配り」をしておられたなんてことは、考えもつきませんから……。

——ご公務に対する真摯なご姿勢は、いま思い返してもまさに頭が下がる思いです。

殿下 先ほど述べたように、「逆立ちしても勝てない方」だと感じていました。私も仕事に入るとのめり込んでトコトン現場監督をやりますが、とはいってもその合間には「打ち上げだ！」「祝勝会だ！」「慰労会だ！」などといっては大騒ぎをして気晴らしをしていますからね。陛下はそういうわれわれのような「ムチャ」は絶対なさらなかったでしょう。

昭和という時代の素晴らしさ

——日本が先の大戦に敗れた直後、昭和天皇はご退位あそばすべきだという意見を述べる人もいました。私はご退位なさったほうが、昭和天皇としては精神的にお楽だったのではないかとも考えます。実際、ご退位の件をマッカーサーに相談したという記録も残されております。

しかしご退位なさらず、国民と苦楽を共になさる決断を下された。こうした過去の歴史について、どのように受け止めていらっしゃいますか。

殿下　いろいろな書籍、文献、論文を読むと、陛下ご自身は「全責任を取って自分はどうなってもよいから国民を助けてほしい！」という主旨のことをおっしゃっていますから、退位どころか生死を含めたお気持ちを述べられたのだと思います。しかしそれは精神的に楽になるからなどという発想でなく、大真面目に責任を感じておられたからだと思います。

結果論からいけば、陛下が戦前・戦中・戦後、国民と苦楽を共にされ、国家の平安を祈られ、国民を激励されつづけてこられたことが、奇跡の復興をもたらし、いまのわが国があると思いますから、マッカーサーや当時の政治家の決定は大筋では正しかったのだと思います。

話が少しズレますが、三十年ほど前、退官する皇宮警察の護衛官が挨拶にきて話をしたときに、終戦直後から始まった陛下の全国御巡幸《ごじゅんこう》の側衛長をその人はしていたそうですが、「どこに行っても群衆に陛下はもみくちゃにされて、自分としては閉口したものです」といったあと、「しかしながら『危険』は一つも感じることはありませんでした!」といい、「いまのほうが怖い感じがいたします」とプロの感想を述べていました。

このこと一つ取ってみても、敗戦国の元首が国民のなかに分け入り熱狂的な歓迎を受けるなどという例は、世界史上皆無でしょう。いかにわが国の天皇陛下と国民のあいだに、絆の強さというか、二千六百六十九年間続いてきた万世一系の一君万民の歴史文化の底力を感じます。

——世界のどこを探しても、日本のような国を探すのは不可能でございましょうね。少し話題が変わるのですが、晩年の昭和天皇は長い闘病生活がおありでした。そのときも毅然として病魔に立ち向かわれたと仄聞《そくぶん》しております。昭和天皇のお気持ちの強さが、ご闘病を続けておられる殿下のお姿とも重なって映るのですが、殿下もご病気のとき、昭和天皇を思い出されることがおありでしたでしょうか。

殿下　大手術を伴う病気についてのご理解がないようですな！　初めての食道癌（十七年前）のときは術前にもらった何冊かの癌の本に目を通しましたが、手術の予後を体験してみて、書かれた書物の内容が何の役にも立たないことがよく分かりました。

一つひとつの癌（他の病気でも）が千差万別で、年齢・性別・部位・進行度等々によって個体差がまるっきり違うからです。百人百色のわけで比較にならないのです。ましてや大きな手術はもの凄い痛みが伴いますから、日々何を考えていたかというと、「この痛みや苦しさはいつ軽快するのか？」のみでした。それも一歩前進二歩後退という感じで約一年は続きましたから、人様の手術や病気に思いを馳せるなどという余裕は絶無です。

ほんとうに自分の身体のことしか考えられないものです。考えられる人々というのは、骨折とか盲腸炎といったごく軽度の怪我・病気の当事者でしょう。

――たいへん失礼な質問でございました、申し訳ございません。それでは昭和天皇が崩御になったとき、殿下はどんな思いでいらっしゃいましたでしょう。昭和という時代が終わることに感慨を覚えられましたでしょうか。あるいはお悲しみがお心を占めておられたのでしょうか。

殿下　一月七日は朝から、社団法人「日本職業スキー教師協会」の幹部と公邸で打ち合わせをしていました。御不例が長かったですから覚悟はしていて、淡々とその事実を受け止めることができましたが、下世話な表現ですが、ほんとうの意味で「巨星墜《お》つ！」と思いました。それも世界の中のです。

私は昭和二十一年一月五日生まれで〝敗戦ボーイ〟なわけですが、終戦直後のもっとも苦しかったであろう復興時は子供で何も判らず、物心ついたころからは、わが国の発展途上と共にありましたから、いまと比べると物は少ないし楽しみも少なかったけれど、目一杯青春時代を仲間たちと楽しむことができましたね。それが還暦を過ぎたいまでも、前向きに仕事に向かってこられた主要因だと思います。いまの若者は物があり余って何を選択していいのか判らなくなっているのが可哀想ですね。

皇室内部を見ても、昭和の御代は御大将の座に先帝様がどっしり座っておられ、大番頭が高松宮殿下で、伯父様を補佐する方々が秩父・高松両妃殿下と両親、皇太子両殿下はお真面《まじ》目《め》そのものの方々で、将来の大番頭は常陸宮両殿下と、充実しきった陣容でした。皇孫もご健康でいらしたし、われわれ若衆がどんな悪さをしても皇室はビクともしないという感じでしたから、私は心配なしに思い切った行動ができました。

素晴らしい時代でしたね。平成の御代は誰が言い出したのか判りませんが、「開かれた皇室」などというあり得ないラヴェルを貼られてしまって、メディアを通したパフォーマンスが目に余ります。したがって、私は前述したように思い切った行動でなしに、メディアに出ることなく、自分の仕事を地道に継続するというふうに舵を切りました。

近代の「帝王学」とは何か

――思えば日本国民として、昭和天皇の御代を知っていることは、たいへん幸運だったと存じます。数々の思い出のなかで、とくにこれだけは忘れられないということがありましたら、お教えくださいませ。
殿下　高松伯父様にお願いして、陛下と直接お話をして伺いたいことがありますと申し上げたら、二度実現しました。これも他に書いていますが、陛下から直に「二・二六事件のときと終戦のときは自分の意見を述べた！」という主旨のことを発言され、当時そんなことは発表されていませんでしたから、私は吃驚仰天《びっくりぎょうてん》するとともに、背筋がゾッとしました。

以前からこの件について私は、当たり前のことだと思っていました。なぜならば、「輔弼《ほひつ》」の任に当たるべき内閣の機能が動かなかったわけですし、「輔翼《ほよく》」の任に当たるべき軍部も機能不全に陥っていたのですから、立憲君主制とはいえ、陛下御自らご出馬以外の方法がなかったからです。私はそう理解していましたが、当事者であられるご自身のお口から直接伺ってしまったというのは冷汗ものでした。

本件はのちに、陛下ご自身が記者会見で説明されましたので秘密ではなくなりましたが、いまでも一番大きな思い出でした。

もう一つ不思議だったのは、何でもご存知であったことです。常識的に考えて、陛下の場合は御進講や御説明や御報告を受けられる人々は、場所（国内外）がどこであっても内容が何であっても、その道のトップが申し上げているはずです。

あるとき、私が青少年育成で日本中を回っているときの話をすることになって、いろいろ申し上げましたが、各地の若者どもの持っている悩みや問題点を、じつによく把握なさっていました。私は自分が直に青少年と議論をして聞き出してきた、各地方の特色ある意見を申し上げたわけで、私しか判らないはずと思って得意になってお話ししたのですが、みんなお見通しでした。
あとで「どうしてだろう」と大真面目に考えてみたのですが、戦前・戦中・戦後と未曾有の困難を無数の国民と苦楽を共にされた方は、「人間」というものの本質を自然に身に付けておしまいになっているのだろうと考えるしかありませんでした。一般的には専門分野しか判らない人ばかりなのに、ほんとうに不思議な気がしました。

――いまのお話も昭和天皇の魅力を示す象徴的なエピソードでございますね。昭和天皇はご幼少のころに他家へ預けられ、そこで厳しい躾を受けられたと聞きます。そのため、あのように公正無私なお心が育まれたともいわれておりますが、殿下は帝王教育についてどのようにお考えでしょうか。やはり幼少から始めるべきものでしょうか。

殿下　私はいわゆる本物の「帝王学」というのは、先帝様で終わってしまったと思っています。お小さいころから選抜された御学友たちと少人数で、錚々《そうそう》たる教授たちの下で学ばれたわけですし、私生活でも親子とじゃれ合うなどということは皆無で、別々の御殿で生活をされ、しかるべき傅育官等々がお育て申し上げたわけでしょう。したがって物心つかれたときには、ご自分の立場が人と違うということがすでにお判りになっていたはずですし、教授陣も周囲の大人たちもそのつもりで接したはずですから、見事に「公平無私」なご人格が形成されたのだと思います。

今上陛下からは時代が様変わりしてしまいましたし、学校の教育や家庭での躾で皇室のことを学ぶこともなくなりましたから、いわゆる「帝王学（先帝様のときのような）」という学問のカテゴリーはなくなったといってもいいでしょう。

しかしながら、環境のなかでの「帝王学」というのは当然あって、今上陛下は先帝様の背中をご覧になってお育ちになったわけですし、語らいのなかに父子相伝のようなこともあっただろうし、無数の行事をこなされるなかで自然に「らしく」なられていくのだと思います。

私ごとき陣笠皇族で自由奔放に生きてきた男でも、国民のほとんどが「宮様」だ「殿下」だと認めてくれているわけですから、今上陛下のように真面目に「皇太子道」「天皇道」を歩んでこられれば、それが結果的に近代の「帝王学」ということになるのだと私は考えています。

いまの皇太子殿下はご自身のご生活態度はご立派ですが、マイホーム主義が過ぎていると思います。ご家族のことを発言されたり、公表なさるのではなく、もっと国民のことをつねに心に掛けられた発言をしていただかないと、将来の日本の御大将として「帝王学」はどうなっているのだろうということになります。

「上御一人」と申し上げるしかない

――昭和天皇はそのご存命中、平たい言葉でいえば日本人にとっては「家長」、あるいは「御父様」といった存在でした。そうした方がいてくださって、日本人の気持ちが一つに結束したと思います。今上陛下に対しても同じような尊崇の念と親しみを持つ国民はたくさんいます。その基礎はまさに、昭和天皇が築かれたものだったのではないでしょうか。

殿下　繰り返しになりますが、私にとって昭和陛下はあまりに巨大な存在でしたから(無数の書物や周囲の人々のさまざまな意見や母の話などに洗脳されている部分もありますが)、「家長」とか「御父様」などという平易な表現を使うことは考えられません。

香淳皇后は「国母陛下」という言葉が、あのえもいわれぬ笑顔とご動作、そして皇后様の温かいお気持ちを表わす言葉としてピッタリ来るのですが、先帝様はちょっと適当な表現方法がないですね。「国父」では軽すぎますし、他国にも「国父」は何人もいるでしょう。

先帝様は間違いなく世界中に一人の、人間の枠を超えた例外的なご人格とお人柄とご実績を持たれた方としか申し上げられません。一つの単語や熟語に当てはまらないですね！　前述した「巨星墜つ!」は他人にも転用できますから、瞬間的な感想としかいえません。

――昭和天皇が歩かれた長い長い道程に思いをいたすとき、私たちはただ、頭を垂れるしかない敬虔な気持ちに打たれます。殿下は戦後のお生まれですが、昭和天皇の波瀾に満ちたご生涯に対し、どのようなご感想をお持ちでいらっしゃるのでしょう。

殿下 生まれた時代が先帝様と同じで、同じ環境で育ったとすればどうなったか判りませんが、戦後に生まれ、自由奔放にやりたいことはすべてやってしまったと思っているような男から見て、先帝様のご生涯は他のものと「比較」できない「凄さ」がおありになりました。私にあの環境のなかに入って生活してみろといわれたら、間違いなく発狂するのではないでしょうか。父であったとしても、彼は若いころ(いまはおとなしくなった)は感情的に激しい人でしたから、陛下の役はとても務まらなかったでしょう。どこかで爆発していたと思います。

やはり昭和天皇は、古めかしい言葉ですが、「上御一人《かみごいちにん》」と申し上げるしかありません。

9　二十一世紀の皇室

「公務」「御仕事」「プライヴェート」を区別せよ

――最近は皇室に関する特集を組むマスコミが増えております。そのなかで、いくつか議論の焦点となっていることがあります。まず皇室の祭祀についてですが、これを軽減したほうがよいという意見もあります。一方、昭和天皇が祭祀に非常にご熱心だったのは周知の事実です。この点について、殿下はどのようにお考えですか。

殿下 「祭祀の軽減」に関するご質問ですが、マスメディアは何か、誤解か勘違いをしているのではないでしょうか。「宮中祭祀」は古代より連綿と、二千六百六十九年一二五代の天子様によって守られてきた儀式です。皇祖皇宗の祭祀をお守りになるとともに、国家安寧と五穀豊穣を神々にお祈りになる最重要な神道儀式であって、皇室の存在の本務というか、原点でしょう。

増減のことをいうのなら、外国訪問が多すぎるとか、地方ご視察が多すぎるから、お疲れのことを考えて減らす方向で考えよう、というのなら判りますが、「宮中祭祀」を同列に考えることは想像外のことです。

極端な話、突きつめて考えれば、天皇家は「宮中祭祀」のみをなさっておられれば、他事は無視をしても構わない存在といってもよいでしょう。

昭和天皇のご生前にもありましたが、ご高齢であるとか御不例であるというときに御代拝はありましたし、今後も考えなければなりませんが、陛下ご自身が主宰なさる儀式がほとんどですから、皇太子様やわれわれ内廷外皇族が交替で務めるというわけにはいきません。

今上陛下が御不例とかご高齢のためにとても儀式を司ることが不可能になったと仮定すれば、大正時代に昭和天皇が摂政になられたように、皇太子様が摂政として代行をされるということはあるかもしれません。

いずれにせよ、神道祭祀（宮中祭祀）の増減などということは、初めから年間のスケジュールが決まっていますから、変化のしようがないでしょう。

――しかしご公務につきましても、今上陛下と美智子皇后のお身体にご負担となっているのでは、という声が実際ございますね。

私は殿下が今年（平成二十年）の七月十五日にご公務を再開され、英国のフライ駐日大使の離任の挨拶を受けられたことに、たいへん感銘を受けました。ご退院からわずか二週間後でいらっしゃった。それだけ真摯なお気持ちでご公務にあたられているのだと存じます。殿下にとってご公務とは、どのようなものなのでしょうか。

殿下　「公務」というのも一般的に間違って使われています。私は「公務」というのは、陛下をはじめとする内廷皇族（天皇ご一家）の場合は、憲法に書かれている国事行為をはじめ、政府・官庁・都道府県・市町村等、行政体がお願いする行事へのご出席だと考えています。

もちろん、民間の大きな団体や組織が主催する記念式典や大会にご臨席をお願いする場合も、両陛下・両殿下の場合は「公務」といっても構わないでしょう。また、宮殿で催される外交団・認証官・芸術院・学士院等々、多岐にわたる司々の人々を対象とする午餐・晩餐・茶会や、春秋二回の園遊会も「公務」に入ってしまいます。

ただ、これまた多い展覧会・音楽会・映画会・ウェルフェアバザー等々は「御仕事」と称するべきで、何でもかんでも引っ括《くく》って「公務」というのは間違っていると思います。したがって増減の話は、国事行為までは外せませんから、それ以外の政府その他からといった部分からの「公務」と「御仕事」の回数を減らすというのなら判ります。

英国大使との接見のことをいっておられますが、氏とは二度目の赴任（政務参事官）のときから会話を維持するための家庭教師として付き合いはじめ、家族構成が似ていたので、家族ぐるみの仲間ですから、「離任する」というので「ではその前に会っておこうや！」というだけで、「公務」と私は考えていません。

どの宮様も「着任」「離任」のときには大使館から要望が来ますから、手帖が空いていたら会いますし、満杯なら、他日どこかで会おうという類のものです（陛下の場合は信任状捧呈式があって初めて大使としての仕事が始まりますので、「公務」の最たるものの一つです）。

喩《たと》えは違いますが、ふつう「スキーに行く」といえば、趣味を謳歌するためですから「お遊び、お楽しみ」と取られますが、私のように社団法人「日本職業スキー教師協会」の総裁を務め、プロスキーヤーを統括指導しているような人間の場合は判定がものすごく難しいのです。スキー指導が本職であり、組織も運営しているわけですから、他の宮様方にとっては「お遊び、お楽しみ」でも、私にとっては大真面目な「御仕事」であり、その地域の多くの人々が動きますから「公務」でもあります。

皇室・宮内庁・マスメディアの三者が議論討議を重ね、きちんと「公務」「御仕事」「プライヴェート」の区別というか線引きをするとよいと思います。

——頭のなかがすっきり整理された観がございます。

旧皇族方の復帰、そして養子制度について

――すでに何度も議論の対象となっていることではありますが、女帝を認めるという考え方については、殿下はどのようなご意見でしょうか。以前も何度かご発言であるのは存じておりますが、もう一度、お気持ちをお聞かせ願えたらと思います。

殿下　女帝を認めるか否かの問題ですが、女帝を認めるという立場に立つと、いつの日か二千六百六十九年一二五代続いてきた、わが国の万世一系の伝統文化・国体というものをなくすことに結びつきます。

私は現在の皇室制度は、世界史に例を見ない、唯一無二の貴重なわが国の財産と心得ていますので、認めるわけにはいきません。

分かりやすく説明すると、以前の議論は愛子内親王殿下を女帝にできる制度（他の女性皇族も皇族として残す）をつくろうということでしたから、それが現実化したときのことをお話しします。

愛子様が適齢期になられたとき、一般国民のなかからしかるべき男性を配偶者にして愛子

様に天皇になっていただくということになります。この場合、配偶者のことを外国式にプリンス・コンソート（皇配殿下）に因《ちな》んで「皇配陛下」と呼ぶのかもしれませんが、昨日までふつうの名前で呼ばれていた人が、突然ある日から「陛下」と皆にいわれるのは途方もない違和感があるでしょう。

そしてお二方が男であれ女であれ、子宝に恵まれたとき、その方々にも一般人から配偶者を選ぶことになります。これが延々と続くことになります。

いままでは神武天皇以来の万世一系の皇祖皇宗の祭祀をお守りしてきましたが、お話ししたような例が実現すると、愛子様の配偶者・ご親族（外祖父等々）、そのお子様方の配偶者のご親族の祭祀をも祀らざるを得ず、万世一系という太い縦糸がぷっつりと切れ、神話の時代から継続してきた他に類のない最古の家系である天皇家に対して、代々の国民の人々が崇敬の気持ちを持ってきてくれた素晴らしい伝統が、ガラガラと崩れさります。

そして、いつの日か間違いなくさまざまな人々が、「天皇家の家系も平成までは特別だったけど、その後はわれわれの家系図とどこが違うのか？」と言い出すでしょう。となれば、わが国体は自然にまとまりを失い、漂流するにちがいありません。一君万民は何としても守るべき、わが国の麗しい伝統ですから……。

——おっしゃるとおりでございますね。皇室典範の改正を早期に実施する必要があるという声も聞きます。このままだと宮家は確実に少なくなる。そのために旧宮家を復興させてはどうかという意見の方もいらっしゃいます。

しかし、皇族としての品位と自覚を保つことも大切な側面であり、簡単に旧宮家を復興させるのもリスクが伴うように思われますが、いかがでしょうか。

殿下 皇室典範の改定はいずれにせよ必要なことです。秋篠宮家に悠仁《ひさひと》親王殿下がご誕生になったとはいえ、男性が少ない情況が変わったわけではありませんから、変更せざるを得ません。

その方法論の一つとして、一番真っ当なかたちとしては、GHQによって臣籍降下された一一宮家のなかから、現存しておられるご一家に現職に復帰していただくのが一番自然でしょう。もともと皇族でいらしたわけですし、万世一系に連なっておられる方々ですから。昔のお名前で戻られるのもよいでしょうし、あるいは秩父・高松宮家のように絶家になってしまった宮家を名乗っていただいて、祭祀をお守りいただくというかたちもあります。

そうしておいて、いま一つは現職皇族とお戻りいただいた皇族の方々とのあいだに養子の制度を認めることです。悠仁親王の二人の御姉様（佳子様、眞子様）のご主人を、お戻りになった皇族様のなかのしかるべき適齢期の男性から選ぶという方法もあるでしょうし、佳子様・眞子様がお戻りになった皇族男子のところに嫁に行かれるというかたちもあるでしょう。常陸宮様や私が、戻られた宮家の方々のなかから男子に養子として来ていただき、両宮の祭祀を続けてもらうこともできることになります。

以前にもいっていますが、旧皇族様方が現職のわれわれと絶縁しているわけではなく、たびたび宮殿や御所やその他でお目に掛かっているのです。ですから今日復帰されても違和感はまったくないですよ。その反対に、どれほど古い家柄や名家の方でも、普通の方が突然ある日から〝宮様〟と呼ばれることになるほうが、よほど違和感は大きいでしょうね。

もちろんこういう作業をするために、旧皇族様方を一人ひとり説得してご納得いただかなといとなりませんし、全員丸ごと戻すのか？　長子ご一家のみを戻すのか？　とか、いろいろ考えなければなりませんが、それらはこれから時間をかけて関係者が議論を積み上げていけば、必ず良い結論は出ることと思います。

――皇族に養子を認めてはどうかという意見もありますが、あくまで一般の方ではなく、旧皇族方から、というお考えでございますね。

殿下　一般の人から養子を取るというのは、工藤さんが心配なさっているように、「品位と自覚」を急に持てということですから、ご当人が当惑なさるでしょうし、一朝一夕に身につくことではありませんから、かつて現職であられ、いまも伝統・行事・立ち居振る舞い、言葉遣いや礼儀等々をご存知の旧皇族様方が一番適任でしょう。

昔にも現在と似たような情況は何度もあって、そのたびにその時々の人々は知恵を振りしぼって、九親等も一〇親等も離れた方を捜し出してきて皇位についていただいた例がいくつもあるのですから、今度は本物の専門家の有識者会議をつくって、議論・討議を繰り返してもらえばよいと思います。

皇太子妃殿下がご健康を取り戻されるために

——国民がもっとも心を痛めていることに、皇太子妃雅子様の長引くご病気があります。もしも雅子妃が皇后になられたとき、さまざまなお役目を遂行するのが難しいのではないかと案じられます。

国民が願っておりますのは、何よりも妃殿下のご健康です。そのためには、どのような措置がとられたらよいのでしょうか。

殿下　東宮御所は、ご一家、奥（女官長以下、奥の仕事をする人々）、表（事務方スタッフで外部との交渉をする人々）、侍医団が、昔から四権分立で、事務方トップの東宮大夫《とうぐうだいぶ》や侍従長を呼び出して問いつめても、彼ら自身知らされていない部分があり、答えに窮することが多々あります。

一昔前までは、浩宮様のお小さいときからお側にいた曽我侍従という人がいて、私はこの人に皇太子殿下へのお願い事はしていてうまく行っていましたが、彼の死去以後はまったく風通しが悪いですから、雅子様のご容態のほんとうのところが判りません。

私の感触では、少し古いですが、高松宮妃のご葬儀のとき弔問に来られましたが、喪主の私をはじめ伯母様のご親族に見事に気配りのあるお言葉をお掛けになりましたし、紀宮《のりのみや》様のご披露宴のときも、元旦の宮中のバラの間（皇族休所）でも、極く極く当たり前の会話のやり取りがあります。

直近でもここ二度にわたって宮内庁病院の周辺と赤坂御用地でリハビリのために歩いていたとき、わざわざ車を降りてこられて話し掛けてくださいましたが、癌患者・身体障害者を一所懸命労《いた》わるお言葉で、当方もぜいぜい荒い息遣いのなかで、「大丈夫でございます」とお答えしました。ふつう以上に明るく思い遣りに溢れていらっしゃいました。

治療の面からいえば、ご本人があらゆる治療法（西洋・東洋・その他）に好奇心を持たれて挑戦なさるお気持ちがないと成功しません。私の周りには、あらゆる種類の西洋医学の名医と同時に、さまざまな東洋医学の名治療師が集まっています。

残念ながらいかなる名医の先生といえども、一人で全部治せる人は世界中に一人もいませんから、何人、何十人にも掛かって「いいとこ取り」をしなければなりません。私は超能力の類いの人々も、信用できる場合には平気で挑戦します。そのためには日本中を走り回ることも意に介しません。

ただ、一人ひとりの治療師の治療のなかで、全体でなくても一つでも良いところがあれば、それを信じて自分の身体のためになっていると思わなければ意味がありません。相性というのもありますし、半信半疑ならいくら通っても意味がありません。「公務」「御仕事」「プライヴェート」と前にいいましたが、現在「プライヴェート」が多いのは、それが治療法の一つと考えられているからではないのでしょうか。

しかしながらこれも医師本人の口から発言がないので、ほんとうのところは判りません。私の入退院のときのように、主治医は包み隠さずすべてを発表し、こと細かく説明して、国民を安心させるべきです。

悠仁親王の周囲にしかるべき人材を

――一昨年、秋篠宮様のところに悠仁様がお生まれになりました。悠仁様が将来、天皇になられるのだとしたら、早い時期から帝王教育を始められたら、という声も上がっております。

殿下　皇位継承権は、皇太子→秋篠宮→悠仁親王→常陸宮→三笠宮→寛仁親王→桂宮の順になったわけです。したがって、「天皇になられるのだとしたら」ではなく、「なられる」のです。

さきに「帝王学」に関するところですでに答えていますが、皇太子様からは昔風の「帝王学」はなくなってしまっていますから、悠仁様から突然復活するというのは無理でしょう。

ただ、私も物心がつき成長する過程で、自分が継承権第七位（当時）にいるということは自然に判っていましたし、「俺が天皇になったら日本は終わりだ！」と大真面目に思っていました。

余談ですが、留学中だと思いますが、美智子様が第三子をお産みになるときに、「私はラッキーセヴンが好きですから、継承権の位置は前にも後ろにも行きたくありませんので、ぜひ女子をお願いします！」とお手紙に書いた記憶があります。そしてうまい具合に紀宮様がご誕生になって、移動しないで済みました（笑）。

話を戻しますが、われわれのような環境にいれば、嫌でも周辺がそういう目で見ますし、家来衆もそのつもりでお務めしますし、ご本人もある年齢からは当然意識して生活をなさることになります。その積み重なりの上にプラスアルファとして積極的にあらゆる分野の人々の御進講を受けられ、国内もできるだけご視察をなさるというふうなかたちを取れば、十分二十一世紀の帝王学が身について来られるでしょう。

いまの世の中で、学習院の同級生から少人数の優秀で家柄の良い児童を選抜して特別学級をつくるということはちょっと考えられませんし、御父上との関係も妙なかたちになってしまうでしょう。

もう一つ大事なことは、周囲にしかるべき人材を配置することですね。明治天皇のお側に山岡鉄舟がいたように、昭和天皇には御学問所の教授陣がいたように。宮内庁も宮内省時代は殿様・華族・公家・民間の強者《つわもの》たちを引っ張ってくる余裕があって、皇族と似たような生活をしていた人たちやそれ以上に豪快な人生を歩んでいた人がたくさんいましたから、「皇族とは何ぞや?」からはじまって、「皇族の悩み」、たとえば「苦しさ」「楽しさ」「寂しさ」「面白さ」等々が直に判る人たちが、家来の立場にいたわけです。

しかし、今上陛下からは純然たる公務員試験に受かって各省庁にいた人が順番で、御所の侍従や事務官に来ています。

秩父宮殿下は牛津《オックスフォード》大学に入学されて一学期が終了したところで、大正天皇崩御ですから即ご帰国になるのですが、諸行事(御大葬等々)終了後、復学されるおつもりだったたし、お付きの人々もそうだったから、松平慶民《よしたみ》氏(松平春嶽の息子)は英国で用意万端整えて待っていたんです。

のちに慶民氏の子息の永芳《ながよし》氏に、その間のお二人の往復書簡を見せてもらったけど、熱い友情に裏打ちされた信頼感のある見事な主従のやり取りが、その手紙にたびたび出てくる。うらやましいかぎりです。

私は一人で行ったから、母親に「金送れ!」とたびたび催促の手紙を出す程度で、あとは自分でつくった友人たちとのやり取りくらいですから、留学のスケールが月とスッポンなんですね。

それでも私の場合、サー・ジョン・ケズィック、レイディー・ケズィックと一人娘のマギーという、いまの英国にはいなくなった、大英帝国時代の良き伝統を継承しているような素晴らしく豪快な保証人がいたから大成功でした。

現在留学中の長女には、残念ながらサー・ジョンの一家が全員亡くなっているので、私の親しい一八家族の人々に手紙を書いて、皆で面倒を見るように依頼をしています。こういう人たちがいないと、ただ勉強をしたというだけで、人間として大成はできません。

話が横にそれましたが、要は、皇族の周辺には前述したように、余裕があって気骨があって、皇室の御為《おんため》ならたとえ火の中水の中、という覚悟と実行力を持っている人々が、さまざまな部署にいなければなりません。

退官してしまいましたが、ついこのあいだまでの渡邉允《まこと》侍従長のように、御祖父《おじい》様の時代から三代にわたって皇室に仕えていれば、皇室の雰囲気というか、実体が身体中に知らずしらずに沁《し》み透っているはずですから、何ごとも自然体で受けとめ、より良き方策を模索するということができるわけで、在任中陛下のご信任は厚かったはずです。

氏は私によく、「殿下が国内外のことを広くご存知で多くの友人をお持ちになり、信念でお動きになっているのは判っておりますが、直接それを陛下におぶつけにならないで、まず私にお話しくだささい。責任を持って殿下の真意が陛下に伝わるように話しますから……」という主旨のことをいって、ショックアブソーバーの役に徹しようとしていました。

こういう人がどの分野にもいて、陛下・殿下のサポートをさりげなくして差し上げなければだめです。

家族の周囲にこういう人々の輪があり、そのまた外周に専門の識者がいつでも御進講できる状態をつくっておくことが、自然と悠仁様のご成長に資すると思いますし、これがいまでき得る帝王学の一つになっていくでしょう。

10　一君万民の本質

「開かれた皇室」という考え違い

――さきの大戦が終わり、昭和天皇は「人間宣言」をなさいました。そして全国各地を御巡幸なさり、国民は熱狂的に天皇をお迎えしました。昭和天皇の身に備わった「徳」を国民は感じ取り、尊崇の念を深めたからだと思っております。

今上陛下に対してもまた国民は深い敬愛の念を抱いております。昭和天皇にしても今上陛下にしても、無私の心で国民の幸せを願っておられる、と国民が敏感に察知していたからではないでしょうか。これからの天皇、皇后両陛下にこうした公平無私な慈愛のお気持ちを求めるのは間違っているのでしょうか。

殿下　天子様から「公平無私」「つねに民草を思い遣る御心と温かい慈愛の眼差し」がなくなったとしたら、存在価値はなくなります。しかしながら一二五代続いてきた「仁慈溢るる民草を思い遣る温かいお気持ち」というＤＮＡは、時代がいかに変化しようともビクともしないでしょう。

公家・武士・軍人・政治家と、わが国の近現代史はさまざまな為政者がいたわけですが、その間、何人《なんぴと》といえども天子様のお立場を奪い取った者がなかったということは、どの種類の為政者も、天子様というわが国最古の家系を継いでおられる方々の「御仁徳」から「侵すべからざる権威の気高さ」を意識せざるを得なかったのでしょう。このＤＮＡは二十一世紀だからといって、変化するとは思いません。

――最近、明治天皇の御製《ぎょせい》を拝読する機会がありまして、その御歌に込められた深い思召《おぼしめ》しに感じ入りました。「照るにつけくもるにつけて思ふかな　わが民草のうへはいかにと」という御歌などにも、そのご慈愛が溢れていると感じます。

殿下　明治天皇にもし、お目に掛かることができたとしたら、いままで読了したすべての書籍のなかから明治大帝に関する知識を総動員して、畏れ多いですが、伺いたいことを全部ぶつけてみたいですね。

昭和天皇はお目に掛かっていますから、形容できない凄さを感じていましたが、大帝は歴史上の人物として学びましたから、私にとってはいわば憧れの「大親分」に当たりますし、小さいときから顔の輪郭と眉毛のせいで、さんざん周囲の人々から「明治天皇にお似ましだ！」といわれつづけて、髭《くちひげ》と鬚《あごひげ》を生やしてからは完全に定着しましたから、いよいよその観が強いのです。

大東亜戦争前後の価値観の違いよりも、明治維新前後の価値観の変化のほうがはるかに凄かったでしょうから、そのあたりから明治四十五年までのことを全部伺いたいですね。

――しかしその明治期とは違って、昨今「開かれた皇室」という言葉がずいぶん一般的なものとして定着してまいりました。殿下は以前、「開かれた皇室というのは、いささか考え違いの発想」とご著書『思い出の昭和天皇』のなかでお書きでいらっしゃいます。

殿下　「開かれた皇室」というのは誰が言い出したのか判りませんが、日本語としてもおかしいし、わが国の皇室に対しては馴染まない言葉ですね。

一二一代孝明天皇までは、御簾《みす》の向こうにおわしました。明治天皇以後、人々の前に姿を現わされたわけで、時代の変化に合わせて、少しずつ世の中にお出ましになるようになりましたが、いまはマスメディアに煽《あお》られて、不必要なものまで、人の目に触れるようになりました。

いまこそ思い切って閉じてみたらどうでしょう。そして双方（皇室サイドとマスメディアを含む国民サイド）が真剣に議論を積み上げて、皇室の役割とそのためのお出ましの機会をどうすべきか検討すべきですよ。少なくとも内廷皇族（天皇ご一家）についてはね。われわれ内廷外皇族は、内廷皇族のご指示に従って、足らざるところを手足のようになって一所懸命動き回ればいいわけですから。

ところが現在は、天皇ご一家や、秋篠宮様たちをタレントのごとく扱う記事やニュースが頻繁に出てきて、芸能人のごとしです。

皇族はマスメディアを通して国民と付き合うのではなく、さまざまな行事とそれに伴うご視察などの時間帯に、直《じか》に国民と接触なさることが原則であり、お言葉をお掛けになり、国民が素直にお返事をして会話が成り立つというかたちが、昭和天皇がつくり上げられた、新しいかたちの皇室と国民の触れ合いだと思います。

繰り返しますが、「開かれた皇室」という言葉は、外国の王室のあり方を表面的に見て誰かが言い出したのでしょうが、わが国の皇室と国民とのあいだは、彼らのようにつねにパフォーマンス（王室も、国民自身も）をしていなければならない人種たちと違って、言葉で表す必要のない「安心感」が両者のあいだにあるので、何千年も連綿として続いてきたのだと思います。

神道的にいえば、祭祀王としての存在として見ることもできるし、家系的に見れば、わが国最古の家系の主といえるでしょうし、社会的には二千六百六十九年の日本の伝統文化の担い手ともいえるでしょう。

静かに鎮まった状態にあるのが一君万民の関係の本質だと思います。現在のように、パフォーマンスをする皇族というのは、時代がいくら変わったとはいえ、邪道であり、間違っています。

皇族といえどもプライヴァシーはある

――私個人としましては、「開かれた皇室」の名の下に、興味本位で行なうような報道は控えるべきだと思っております。しかし同時にやたら大袈裟な敬語を使い、皇室あるいは皇族に関する批判は一切まかりならぬとする論調も、民主主義国家においていかがなものかと感じます。

殿下　おっしゃるとおりで、興味本位な「プライヴァシー侵害」のような取材や報道はとんでもありませんが、かといって反対に妙に持ち上げすぎて、「敬して遠ざける」というかたちも困ったものです。

一番困るのは無関心ですね。明治以前のことを考えれば、「天子様」のご尊顔を拝した国民などはほとんどいなかったわけで、「皇室」の何たるかも皆、詳しくは知るべくもなかったでしょうが、山間僻地といえども「都が京という所にあって、そこには天子様という尊いお方がおわすそうだ！」ということは伝承で判っていたのではないでしょうか。

しかしながら、情報がこれほど発達し氾濫しているのが現実なのに、「本質」「本物」「本当」のところがまるで判っていないのは困ったことです。

――殿下は皇族の皆様方のなかでは、もっとも多くマスコミの取材をお受けくださっていらっしゃるようにお見受けいたしますが、取材をお受けになることは、殿下のなかでどのような意味がおありになるのでしょうか。

殿下　高等科のころ皇族が一六人（当時）しかいないことに気づき、かつ、正しい皇室報道・広報がなされていないことを憂えて、正しい皇室観・皇族像を的確に国民に伝えることの必要性を感じました。

第一にしたのが、全国に皇族を理解してくれる人を一人でも多くつくる、仲間づくり作戦。第二に故高松宮殿下とご相談して、「マスメディアの有効活用のためなら、若い世代の皇族として取材に応じるのもよかろう！」というお許しをいただき、まともな内容の番組や記事であるならば、どんどん応じることにしました。

それがいままでも続いていますし、公邸をメディアの人々が取材というかたちでなしに話を聞きたいというのであれば、いつでもオープンにして何でもしゃべることにしています。

しかしながら、「出る杭は打たれる」の諺《ことわざ》どおり、独身時代から十年前くらいまでは、三十有余社のメディアと闘いつづけ、間違いを正すために何十回となく話し合って、最終的には「詫び状」を書いてもらいました（訂正記事や訂正スポットは小さく、かつ短く、人の目に止まりませんから）。

お陰様で「来る者は拒まず」を徹底しているので、ここ近年憶測・推測記事はほとんどなくなりました。その心はあくまでも、「正しい皇室を理解して、そのうえで判断してほしい！」に尽きます。

皇族を、ＴＶ、新聞、雑誌などで、聴いて、見て、読んだだけで、本体を知らずして、かつ本人の地声や意見も聞いていない状況で、○×式に皇室制度の是非を問われたらたまりませんから。

繰り返しますが、メディアを通じて国民が皇室を識《し》るということは、あくまでも「最善の策」ではなく「次善の策」ということが原点であることをご理解ください。

正しくは全国津々浦々の国民の要望に応えて、可能なかぎり、天皇皇后両陛下をはじめ、内廷外皇族すべてに至るまで、直に国民のなかに分け入り、相対することによって互いを理解し、政・経・官・学・産などの分野では努力しても足らざるところを皇族が「言葉」と「行動」で支援し、「激励」するところにあるということです。メディアを介した接触では、いつまで経ってもほんとうのところが判らないままに推移します。

――おっしゃるとおりでございますね。しかしある程度、メディアを介して皇室のことを知りたい、という思いも国民の偽らざる本音です。その思いと「プライヴァシー」のバランスは、どのように保たれればよいのでしょうか。

殿下　まず国民の皆様方には、「皇族といえどもプライヴァシーはある！」という厳然たる事実を理解していただきたいものです。

明治以後、とくに昭和に入って以来、「皇族は公人である！」というイメージを、メディアが中心だったのでしょうが、政府も国民一般もつくり上げてしまいました。「公人」「私人」という区別はありますが、この二つは双方に「T・P・O」（時・場所・機会）の使い分けがあってのことであることをよく認識していただきたいと思います。

もちろん、一般の役所や会社でも、次官・局長などと平主事、社長・重役などと平社員との「公私」の別は、その濃淡に違いはあっても、地位が上がるにつれて「公」の部分が増えるのは当然です。したがって皇室においては日本人のなかで、もっとも「公」の部分の多い人間集団であることはいうまでもないことです。

しかしながら、では「皇族には『私』がないのか?」と問われれば、「とんでもない!」と申し上げます。

私の意見では、未成年皇族の生活はほとんど「私」であるといって構いません。さらに成人を過ぎても学業を継続して学内にいるあいだは「私」と捉えるべきです。

したがって天皇ご一家のお正月・天長節・地久節《ちきゅう》等々の折々にお出しになる一家団欒のお写真が、年に何回か紙面や画面に出ることは国民も喜んでくれると思いますが、それ以外の未成年皇族のメディアへの露出は控えるべきで、これは本来、内廷皇族も内廷外皇族も変わりはないはずです。成人式までは学業優先があるべき姿です。

家庭・家族・親子といった関係は、何人でもプライヴェートに属する事柄ですから、表に出す必要性はありません。

しかしながら、出す場合は必ずパブリックな部分、つまり「公」の部分と併せて発表すればバランスがいいのですが、昭和末期から平成にかけて、「私」ばかりになった観があります。ほとんどの国民は、皇族一人ひとりの「公務・御仕事」も知りたいでしょうし、知るべきです。

「国民に守られて」皇室は続いてきた

――二十一世紀の時代を皇室と共に歩むため、私たち日本国民はいま、何を意識し、考えるべきなのでしょうか。

殿下　わが国から「皇室」がなくなったら、日本という小さな島国はまとまりを失い、分裂して各国に分割統治をされてしまうか、いずれにせよ二千六百六十九年続いてきているいまのかたちは消滅するでしょう。先人の築き上げた、世界唯一の国体のあり方・姿というものは大切に継承していくべきですし、わが国の発展はその上にあったわけですから……。

その意味からも、「皇室」とその中心にいらっしゃる「天子様」のご存在は大切にしていただきたいと思いますね。

次に先ほども触れましたが、「皇室」を異様にタブー視したり、反対にまったく「無関心」の人がいたりという状態は残念至極です。

昔のように教育のなかでしっかり教える、社会のなかでも一般通念として語り継ぐということが復活することを望みますが、いまのところ、私自身の体験としては成功していますが、全体としては分かってくれていない部分が多いので、正しいかたちで（タレントのようなかたちでなく）皇室と国民が歩み寄っていくということと、その良き仲介者としてマスメディアが存在するということが好ましいと思います。

そのためにも、昔は「藩屛《はんぺい》」という言葉がありましたが、皇室の内部に通暁し、一人ひとりの悩みも聞いてあげられると同時に、「公務」「御仕事」「プライヴェート」の選択すらアドヴァイスできるような気骨ある人間が、内廷皇族にも内廷外皇族の周りにも何人もいるという状況ができなければ、皇室も成長しないし、国民とのあいだも離れていってしまいます。

いまは「御用掛り」という職責が辛うじてそれに近いですが、担当分野・役割分担・自由に動き回れる環境等々がまるで決まっていないから、肩書だけに終わっているでしょう。「御用掛り」は「宮内庁長官」はもとより、「政治家」にも物申すというお目付役的な存在でなければ、置いておいても意味がない。

私が成年皇族になったころは、宮内庁内はもとより宮内記者会の聞屋《ぶんや》さんのなかにも、「殿下は若い皇族だから、これからはこういうことに注意をして生きていくべきですよ！」といったことや、過去の皇室取材のネタなどを教えてくれて、「叱咤激励」してくれる人が何人もいて、不良だった私もそういう意見はよく聞きましたよ。特別な人とか一部の人ということでなしに、社会全体のあらゆる階層にきちんと物をいってくれる人々が、たくさんいたということです。

内部でも、女官長・女官・宮家の侍女長・侍女などといった人々はほとんど死ぬまでお仕えしていましたが、だんだん難しくなってきて、よくて三～四年のロウテーションになってしまいました。わが家のように事務方のトップの宮務官が、私の独身時代から三十五年以上、次の事務官も二十四年、技官（運転手）も三十年いて退官までというのは特殊な例になってしまいました。

繰り返しになりますが、天皇家も宮家も特殊な家であることは間違いないのですから、周囲にも内部にもこういう体制が完備していないと、伝統はなかなか紡《つむ》いでいけなくなります。

――かつて高松宮様が、昔から日本の皇室は、権力を持たずとも国民に守られてきたというご趣旨のことをお日記に記されておられます。殿下もご著書のなかで、昔から日本の国民は「権力」と「権威」を上手に分離してきたとおっしゃっておられます。まさに名言だと存じます。その素晴らしい歴史がいつまでも続いてほしいと祈っております。

殿下　高松伯父様がお怒りになったことがあります。極左が暴れていたころ、皇居も赤坂御用地も周囲にグレイの機動隊の装甲車が何十台も要所に駐車して、いざという時に備えていたときに、「皇室は古来より軍隊・警察に守られてきたのではない。その時々の国民一人ひとりが守ってくれたからこそ、いまも残っている」と宮内庁の幹部にきつく注意をされました。

つね日ごろ、私には「京都御所に行ってごらん。わずか三〇センチメートルくらいの疎水が周囲に流れているだけで、垣根も城壁も何もありはしない。誰だって侵入しようとすればできるのに、いまも古《いにし》えの佇《たたず》まいのまま残っているんだよ！」と教え諭《さと》してくださったものです。文字どおり「国民に守られて」皇室は連綿として続いてきたわけです。

「権力」と「権威」を上手に分けてきたのは、大和民族の国体を守るための「民族の知恵」じゃないでしょうか！「権力」を持てば、少しでも力が弱まれば権力闘争が始まり、大変な犠牲を払って次の「権力者」がその位につくわけで、そのたびにその国は傷ついていきます。

このことを古代から日本人たちは判っていて、「天子様」をナンバーワンとして「権威の象徴」として崇《あが》め、「権力」は公家・武家・軍人・政治家等々が担当してナンバーツーの地位を任せるというシステムをつくったのでしょう。世界に類を見ない、頭の良い、冴え渡った統治の仕方を、自然に長いあいだをかけて生み出したのだと思います。

外国人は日本の首相や大臣が次々に代わることに毎回驚きますが、国民があまり気にしていないように見えるのは、ナンバーワンの「天子様」という「権威の象徴」が鎮座ましましておられることで、安心感があるのだと思いますよ。

皇族の将来というのは、これまで語ってきたことが「皇室のあり方」の原則であると思いますから、この原則を守って、その時代と共に「皇室と国民」が自然体で、阿吽《あうん》の呼吸で、枝葉を伸ばすということはあってしかるべきだと思います。

良い人材が集まれば、立派な皇族が育つ

――最後になりますが、皇室のここだけは改革したほうがよいとお考えのことがございましたら、お示しくださいませ。

殿下　細かい事柄は、しかるべき友人・知人からの提言を含めて、私自身ずいぶん前例をぶっ壊してきました。

たとえば大使の信任状捧呈式の出発点を商業施設から東京駅正面口に変更したり、新年の

お立台でのお言葉の内容を国民の希望に沿ったものに変えるとか、国賓の晩餐会の席次（席割り）の順序の変更等です。病気の内容を、すべて医師団が詳細に発表してしまうというのも私が最初でしょう。

私は残念ながら昭和二十一年生まれの〝敗戦ボーイ〟ですから、戦前のことは判りません。物心ついたら昭和の発展途上でしたし、前述したように、皇室は昭和天皇を総大将に磐石の重みを持っていましたから。私は安心して自由奔放に、「異端の皇族」と呼ばれて暴れ回っていましたから、当時はとくに基本的な部分で「こうでなければならない！」と深刻に考えたことはないような気がします。

一つだけ許せなかったのは、「ミッチーブーム」以来、皇族妃をタレント扱いにして、週刊誌のグラビア等で女優やモデルの写真と並列に載せることが常識になったことですね。一般国民はページを繰れば、女優やモデルの次に、皇族妃のどなたかの写真が載っているのですから、嫌でも自然に同じ目線で見る癖が付いてしまいます。

それが、週刊誌上のみならず、現実の生身《なまみ》の妃殿下方を、地方で拝顔する場合の態度にまで出てしまいますから困り果てますね。

今後の改革は、繰り返しになりますが、しっかりとした人々を天皇ご一家・東宮ご一家・

内廷外皇族の周りに、綺羅星《きらほし》のごとく登用することだと思います。良い人材さえ集まれば、相乗効果で立派な皇族も育つし、良き主従に恵まれると思います。このことこそ国民はいま、もっとも希望しているのではないでしょうか。

補筆　語り残したこと

寛仁親王

(財)中近東文化センター

東京都三鷹市に財団法人「中近東文化センター」という、アジアでは一番大きな研究機関があります。名誉総裁は父が務めており、二十四年前からトルコ共和国のアナトリア高原(古代の東西南北文明の十字路)のカマン・カレホユック遺跡で発掘作業を続けています。

英米独仏墺といった国々が考古学では先進国で、百五十年近く掘りつづけているところもあるようですが、いずれにせよわが国は戦後本格的にスタートした後進国であります。

現在の大村幸弘発掘隊長は三十年以上各国の隊に入れてもらって発掘をしていたようですが、氏が高校・大学で学んだ世界史には微調整が必要とつねづね考えていたところに、中近東文化センターがアナトリア高原で発掘を始めるというニュースがうまい具合に重なり、父にヘッド・ハンティングされたわけです。紆余曲折はありましたが、古代文明の十字路という世界遺産となる貴重な遺跡を、アンカラ大学の恩師、タフスィン・オズギュッチ教授(アナトリア考古学の第一人者)の温かいお勧めもあって、カマン・カレホユック遺跡の発掘が開始されました。これが二十四年前のことであります。

ポイントは、前述した世界史（文化編年）の微調整・再構築と、暗国時代《ダークエイジ》と呼ばれ、世界中の考古学者をもってしても不明な時代の解明、そして世界でも珍しい、文明の交差点という世界遺産の保存修復が、当初の主たる目的であります。

通常の欧米の発掘隊は、昔からスポンサーが各国の博物館や美術館、あるいは美術コレクターであったりしたためか、現場で金銀財宝が出れば一点でも十年は生きられるという、優雅な、いわば宝捜しのような発掘が主流であり、展示できないようなものは歴史的に貴重なものであっても見向きもせずに、次の発掘現場にキャンプを畳んで移動するというのが常識のようでありました。

しかしながらわが日本隊は、文化編年の微調整・再構築という命題がありますから、遺跡を縦に、刷毛《はけ》と篩《ふるい》で丁寧に年代ごとの地層に沿って、地道にコツコツと特殊な小さなツルハシ等をもって、おおむね現代から四千二百年前のところまで掘り進んでいます。さらに、この遺跡には九千年くらい前までの歴史が眠っているだろうと隊長はいっており、あと最低三十年は必要であるともいっています。

ありがたいことに、この二十有余年間の地道な作業の繰り返しのおかげで、十六歳の作業見習いの少年の発見した貴重な「粘土板」に始まり、明の「陶磁器」の発見で中国との交流の道筋であったことも証明され、さらに鉄を人間が使用するようになったのは三千二百〜三千四百年前のヒッタイト帝国時代という通説を覆す、さらに五百年古いあたりの地層から「鋼《はがね》」（製鉄技術を持っていた）が出土され、この時代と近い二千七百五十年〜三千二百年前のあいだをダークエイジというわけですが、上から下に慎重に毎年掘り進めていたわけですから、ついに暗国時代の層で多くの彩紋土器が発見され、住居跡まで発見することができました。

現在の調査は目視や体験での結果でなく、あらゆる科学・化学・レントゲンテスト……、そして従来の長年の経験による勘とが相俟《あいま》って調査は完成しますので、今日発見したからといって明日、「この時代に使用された遺物」というふうにはいえませんが、大まかに記述した以上の出土品の数々だけでも、他国の隊のはるかに上を行く貴重な発見だといえるのだと思います。

いつの日か、カマン・カレホユック遺跡で発掘調査の結果、世界中の教科書・参考書の世界史年表がすべて書き替えられるかもしれないということが、いまかなりの確率で実現しそうなのです。

こういう条件下の日本隊の活躍を、同胞として読者の皆様にもぜひ応援していただきたいと思っています。

研究棟建設

いま一つは、考古学者の発掘作業にとって一番大切なことは、発掘した遺物をその場で調査研究できる施設の存在であるそうです。毎回自国に持ち帰ることも、現地で長期間調査することも難しい場合、可能なら、その場で即！がベストですし、収納棟や展示棟もあれば世界中からさまざまな分野の研究者が自由に来て研究できるわけです。しかしながらトルコ共和国では昭和四十七年（一九七二年）以来、遺物の国外持ち出しを禁止する法律をつくってしまいましたので、わが隊も他国の隊も、出土した貴重な遺物はキャンプで調査研究したあとはトルコ内の博物館や美術館に寄贈するしか方法がありません。そこで中近東文化センターでは思い切って、現地（遺跡）に研究棟一式を建設し、恒久的な研究ができる場をつくり、アナトリア考古学のメッカにしようと決定したのです。

このときに、前述の「自ら自身の手で発掘して、世界史を変えてみたい！」と思っていた大村幸弘現隊長と父の出会いがあったのは、まことに幸運なことでした。

まず第一に私が感心した氏の発想の最たるものは、日本人だけで発掘するのではなく、いつかは日本人は日本に戻るわけだから、この世界遺産ともいうべき大切な遺跡の重要性を、カマンの人々をはじめとする地元の人々が本物の考古学を理解し、ゆくゆくは彼らがこの貴重な遺跡の保存・修復を自らの手で継続していくことにある。そのためには、作業に従事してくれる地元の人々に、子供のころからノウハウを伝授していかなければならないと考えてレクチュアを始め、二十有余年経ったいまでもそれが続いて、当時は子供で土器洗いから作業を憶《おぼ》えていった彼らが三十代~四十代になり、立派な考古学者に成長しているという事実です。

これは、他の世界中の遺跡が貴重であるとはいえ観光地化しているのと比較したとき、偉大な発想といえるでしょう。

二番目は、キャンプに入村するなり、裏山の後方から日本隊の手でパイプラインを引き、三分の二の水はカマンの村へ、三分の一をキャンプで使用しているということです。地元に溶け込む必要があるとはいえ、ここまでやる隊は世界中どこにもないでしょう。同じように、氏は日本隊がカマンに定着して発掘することを証明するために、砂漠と岩山だらけのカマンの地に日本庭園をつくってトルコ人のために緑のオアシスをつくってしまいました。いままで

カマン・カレホユック遺跡の研究棟「仮落成式」にご出席された殿下（平成17年）

は年間三万人からのトルコ人が、全国各地からこの日本庭園（私から見て本物の小堀遠州流の庭園とは思えませんが……！）を訪れるようになったとのことです。

さらに、文明の十字路ですから、この遺跡は古代は水に恵まれていたわけで、それゆえにいくつもの民族が争ってまでこの地に居住したがったということは、土壌も良く畑づくりにも向いていたわけで、良い土質が積み重なっているということでもあります。

そこで氏は、発掘すればするほど土が出てきますから、他隊は遺跡の横に打っちゃっておくのが普通ですが、この良質の土を地元の人々に無償で提供して、彼らの畑の土に混ぜてもらって良い作物ができる手助けをしています。そうすると大したもので、地元の人々はできた作物、たとえば野菜とかスイカを無償で日本隊に届けてくれるようになったという見事な物々交換が成り立っていることです。

奨学金

もう一つは、たとえば私は、研究所建設募金委に賛同してくださった方々に理解していただくためや看板掛けの儀式等で七回、カマンを訪れていますが、体育会で育った私は、後輩の合宿に行くときの不文律として差し入れを持っていく癖があります。

それと同じように、私が行くたびに隊長を雇い上げて同行してもらいますから、帰国する前に、隊員や作業員の人々にドンチャン騒ぎをしてもらいたくて、謝礼金として少しまとまったお金を置くことをしていました。私以外にも、見学や視察に訪れるさまざまな人々もそれなりに謝礼金を置いていかれるようです。私は、私が置いていったお金で日々の厳しい発掘作業のウサを晴らしてくれているとばかり思っていたのですが、あるとき氏から、「殿下からいただいたお金や、その他の方々が置いていってくださったお金が、結構まとまった額になりましたので、トルコの銀行金利は意外と高いので、奨学金口座をつくって、イスラム教では女性の高等教育が不充分なので、そういう人々のために基金として、すでに何人もの女の子がその奨学金のおかげで進学をしております」と聞かされました。思わず、「俺は酒代や食事代に消えたと思って出していたのに！」といいましたが、氏の温かいアイディアは素晴らしいことでしたから、いまも行くたびに入金をしていますし、ソロプチミスト財団の女性軍が私の説得と大村氏の見事な実績を認めてくださり、女性専用の奨学金を別に設立してくださいましたので、いまでは大学を卒業した男女学生がトルコ各地に散っているようです。

少々残念なのは、アナトリア考古学に戻ってこないで、医学・建築等々の分野に行ってしまう卒業生が多いということですが、それはそれでトルコ共和国の国力になるわけですから、まあそれもいいだろうと思っています。

最後にもう一つ日本隊の凄い特徴をいいますと、前述した故タフスィン・オズギュッチ先生（元アンカラ大学学長）の一番弟子が大村幸弘所長（アナトリア考古学研究所）なのですが、氏をはじめとして松村・吉田等々という隊員たち、あるいは研修に来ている人々が、皆トルコ語で作業を実行していることです。

推測ですが、他国の隊はまず間違いなく母国語で、通訳を雇って作業員を指導していると思います。

英国隊は英語で、作業員のほうが英語を学ばねばならないかたちになっているはずです。ところが、わが隊の隊長以下は、トルコ人から「カマンなまりがある！」とからかわれるほどトルコ語に堪能ですから、コミュニケーションの見事さはほれぼれしますし、作業員もレクチュアでさんざん考古学の何たるかを教わっているわけですから、実際の発掘現場でも、掘り方はもとより、何が重要な遺物で何がガラクタかということを判ったうえで掘り進めていますから、他国隊と比較したときの仕事の早さは二〜三倍違うと思いますし、日本人がこ

トルコ・アナトリア地方をご視察される殿下

こまでトルコに溶け込んでいるということは、高く評価されるべきだと思います。

エルトゥールル号

さて、ここからは日本とトルコ共和国の友好関係についてお話ししてみたいと思います。

日本人で一番始めに訪土した人は中村某氏という説がありますが、史料がありません。

公式な記録としては、明治二十年（一八八七年）小松宮殿下が欧州歴訪中、訪土されています。

その翌年、明治天皇は大勲位菊花大綬章とさまざまな進物をオスマン・トルコ帝国のアブデル・ハミッド二世皇帝に贈進されます。

この返礼として、二世皇帝は明治二十二年（一八八九年）オスマン・パシャ提督座乗の軍艦エルトゥールル号に、オスマン・トルコ帝国の最高勲章を載せて初の訪日を計画され、無事に提督は明治陛下への拝謁と勲章その他の贈進を果され、翌明治二十三年（一八九〇年）帰国の途につくはずでしたが、理由がいま一つはっきりしていませんが、軍人のなかに病人がでたのか、軍艦に修理の必要性があったのか定かではありませんが、ともあれ出港が予定より一カ月ほどずれ込み、その結果、出港はしたものの和歌山沖を通過中、運悪く台風に遭遇し、九月十六日樫野崎《かしのざき》の岩礁に座礁・沈没するという悲劇が起きました。六〇九名の乗組員のうち五四〇名が殉職し、六九名のみが地元の漁民衆の必死の救出活動で助かったことになります。

この悲劇は即刻政府の知るところとなり、明治帝のお耳にも達しました。民間においても沼田藩の家老職の家系といわれている山田寅次郎氏が、司馬遼太郎氏の著作によく出てくる、わが国最初ともいうべきジャーナリストであった陸羯南《くがかつなん》・福本日南《ふくもとにちなん》両氏の新聞紙面を使って、全国的な支援のための募金活動を展開します。

いまでこそ、募金委員会というのは数多《あまた》存在しますが、明治二十年代に六九名のトルコ人を手厚く応援するための募金活動があったというのは、特筆大書すべきことでありましょう。

明治帝はご自身のために派遣された軍艦ですからご心痛も大きかったでしょうが、早速、金剛《こんごう》・比叡《ひえい》の二隻の軍艦を提供され、六九名の軍人は無事、トルコのドルマバフチェ宮殿港に帰投することができました。

一方、山田寅次郎氏は募金できた、現在の円計算で勘定するとおおむね三〇〇〇万相当の義援金を持ってオスマン・トルコに渡海します。

二世皇帝にも拝謁が許され、日本から持参した武具一式は、いまでもトプカピ宮殿の展示棟のコーナーに飾られています。

愉快なことに氏は、皇帝の依頼で「日本語」を兵隊たちに教えるために現地に留まり、お店を作ったりしてすっかり向こうの人になりました。

一度帰国して再訪土したときは、オスマン・トルコ帝国は崩壊しており、ケマル・パシャ将軍の大改革でトルコ共和国になっており、いまでも「アタチュルク（建国の父）」と尊称されていますが、その大統領が山田寅次郎氏を招いたことがあるらしく、とても親しい素振りで話し掛けてくれるので、氏は「どういうことか？」と聞いてみたところ、若き日の将軍も「日本語」のクラスにいたということが判明して、氏はいたく感動したそうです。

以上のエルトゥールル号の事件のあとに日露戦争が勃発し、ギリギリのところで極東の小国が大国ロシアを破ってみせたわけですが、トルコ共和国はオスマン・トルコ時代からロシアとは度重なる戦争を繰り返していたものの分が悪かったので、いよいよ日本の大ファンになってしまいました。

それが証拠に、ファミリーネームや子供のミドルネームに「ＴＯＧＯ」とか「ＮＯＧＩ」という名前を入れる人々がたくさん出現しました。

首都アンカラのアタチュルク廟に献花される殿下（平成17年）

私が十九年前、日土修好百周年の記念式典に父の代理で初訪土したとき、ある靴屋に入って、いくつか違うサイズをいって見せてほしいといったとき、出てきた靴の底に「TOGO」とあったのには吃驚《びっくり》して、若い店員に「ここのオーナーはTOGO‐SANですか?」と聞いたら、彼はうなずきながらも「TOGO」の意味がピンと来ていませんでしたから、滔々《とうとう》とバルチック艦隊を破った有名なアドミラルであるということを講釈してあげました。事程左様にトルコ国およびトルコ人は日本びいきです。

わが国は外交上、米国・英国・仏国等々との友好関係を持たざるを得ませんが、政治・経済・文化など、どの分野をとっても問題がなく、真の友好国というのは、世界の中でトルコ共和国を第一とし、フィンランド、ハンガリィが続くといわれています。

もし、わが国が世界の孤児になったとしても、トルコ共和国は最後まで友好国であってくれるでしょう。したがって亜細亜《アジア》の西端に位置するトルコと東端に位置する日本がこのような交流を持っていることはとても大切なことだと思います。

ペポ帽子店

もう一つ、トルコ人が日本人ととても似ている点をあげると、義理人情に厚いというか、気に入ったとなると一直線というか、欧米人のように合理性ばかりを追求するタイプではなく、日本人と同じで「惚《ほ》れた相手には何でもやってしまう！」というところがあり、私は七回の訪土のなかで嫌になるほど、こういった体験をしてきました。

最初に吃驚したのは、下町を歩いていたら帽子屋さんがあったので、陽差しが強かったので帽子を買うことにして入っていきました。

二階の登り口の上の看板に「ハンド・メイド」とあったのがチラッと頭に残りましたが、とにかく二階のお店で手当たり次第にさまざまな帽子をかぶってみたのですが、何とも悲しいことに、トルコ人の頭のサイズは小さいらしく、私のような大頭にはどれもフィットしなかったのです。

しばらく挑戦してみましたがどうにもなりませんから、大使館から付いてきてくれた通訳の人に、「残念だけれど、サイズがどれも小さすぎて合わないから戻ろう！」といって店長とおぼしき人にニコッと笑って、「では、また来ます」というニュアンスを伝えたら、われわれが入店してからずうーっと見ていた氏は、サイズが合わないということが判っていたらしく、「看板が見えなかったのか？」と聞いてきました。「もちろん見ましたよ！」と答えたら、「形と色をいま決めてくれれば、明日までにはつくる！」といっていると通訳氏がいうのです。香港で一晩で背広をつくる店があることは知っていましたが、帽子にもそういうのがあるのかと思って、半信半疑ながら夏物のストローハットと冬物のソフトハットを二個ずつ依頼しました。

お伴の宮務官も、自分用のとお土産用のを注文しました。

翌日、ドルマバフチェ宮殿（エルトゥールル号の生存者が帰投した港のある）を視察しつつ、TVのインタヴューを受けていたら、大使館の館員が縦長の細長い箱を持ってウロついていたので何だろうと思っていたら、何と「ペポ帽子店」からのお届け物とのこと。

インタヴュー収録後、一番上にあったベージュのストローハットをかぶってその午後をごしましたが、ホテルに戻って、「請求書はどこですか？」「なぜこんなに沢山《たくさん》あるんでしょう！　四個しか頼んでいないのに！」とブツブツいっていたら、館員の人曰《いわ》く、これらはすべてペポ氏からの献上品で、ご来店記念に喜んでつくったもので、請求書など考えてもいないらしいということがだんだん判ってきて仰天しました。何せ注文した四つのほかに、色取りどりのが合計八個入っていたのですから吃驚でした。

困り果てた私は、早速礼状を書くとともに、わが家の紋章入りの金銀の杯《さかずき》セットを館員に託して、届けてもらうことにしました。

外国にはずいぶん行って買物もたくさんしていますが、この手のきわめて日本的な応待は初めてであり、感動しました。

別の場所でアタッシェケースを買ったときも、女主人が絶対に代金を取らずに、「私からプリンスへの小さなプレゼントです！」ともいわれましたから、個人差でなくトルコのわれわれ日本人に対する一般的な親日感の成せる業《わざ》なのだと思います。

トルコ話の終わりに、「海の恩義を、空で返した！」という素敵な事実をお知らせしておきます。

現在のイラク戦争、その前の湾岸戦争、そしてさらにその前のイラン・イラクの八年戦争の折のことですが、テヘランに日本人二〇〇名近くが取り残されました。

政府も日航も根性なく、何もせずに呆然と傍観していたわけですが、オザル大統領はトルコ航空に、テヘランに足止めを食らっている日本人の救出を命じます。大統領ときわめて親しかった在土の商社マンの強い懇請に絆《ほだ》されたこともあったようですが、ともかく残された日本人はすべてトルコ航空に乗せられて、トルコ国境内に入ったところで、機長から上記のことを聞かされて歓喜の声を挙げたといいます。

百年前、樫野崎の漁民衆の見事なヴォランティアスピリットで始まった日土修好の絆が、百有余年後に、テヘランの人間の盾にされかねなかった在留日本人の救出に繋がったわけです。

事程左様に日土間には見事な友好の歴史があるのです。それも民間人が始めたヴォランティアが、後年は大統領を動かすことに結びついたのです。

募金委員会

募金委員会については、ずいぶん考えました。ちょうど香淳皇后様の御葬儀のある日、武蔵野陵の皇族休所で、端に座っていた私のところに、なぜか父が寄ってきて隣に座りました。

氏曰く、「われわれも手を尽くしてみたんだが、なかなか資金集めが上手《うま》くいかない。いまのところ一カ所からの寄附しかないので、ここからは『金集めのプロのトモさん』にお願いしたいのだが……!」という主旨でした。

私も二度目の訪土のとき、キャンプにあるプレハブの研究棟に「アナトリア考古学研究所」

の看板掛けをしてきてほしいといわれていましたので、そのあたりから、下手をすると飛んでもない役回りが来るのかもしれないということは漠然と思っていました。

同じころ、当宮の永田忠政宮務官と佐伯猛貴護衛官が、たまたま帰国していた大村隊長を、初訪土のときの御礼も兼ねて慰労すべく席を用意していたのですが、隊長はトルコでのハッラツぶりとは大違いで、「どこも寄附を出してくれない！」とまずグチから入ったのだそうです。

勘のよい宮務官は、このときから当宮にその尻ぬぐいがくるのではないかと嫌な予感がしていたそうですが、計らずもわが家の主従の心配は的中してしまったことになります。

学者さんたちは頭は良いわけですが、「金集め」などということは皆目考えておられない種族でして、研究費は文科省・文化庁・各種財団・大学等々から降りてくるものだという先入感がおありになって、自分たちは研究に没頭していればよいと信じていらっしゃいます。

父が普通の学者と少し違っているのは、自分の分は十二分に心得ている人で、知らないことや分からない分野のことは、その道の専門家に聞くことが一番だと思っているところです。

あるとき突然、架電があり、「論文で必要なんだが、『同心円』の正確な英訳を教えてほしい！」と聞いてきたことがありました。私はすぐに、「俺にそんな小難しい英語を聞いても分かるわけがないじゃないの！　俺のはパーティー・イングリッシュが限界なことくらい判らないの？」と返したのですが、氏は「いやいや、トモさんの周りには英語の達人が多いから聞いてみたんだけど……！」というお答えで、じつに人をよく見ている人で、端《はな》っから私に英訳を頼んだわけではなかったのです。

早速私は、三人の英語の名人に電話をして、「a concentric circle」というのを調べ上げ、父に架電して「どうも、こういうふうにいうらしいよ！」といったら、氏は「それはありがとう。自分で調べていたのと同じでよかった！」と宣《のたま》いました。

こういう父ですから、障害者福祉を三十七年間もやっていると、四六時中金集めをしているということは百も承知の上で、私に頼み込んできたわけです。

以後、私は覚悟をして、福祉・青少年育成・スポーツ振興・国際親善の四本柱で私の子分をしてくれている仲間を、その年の十二月に全国から招集し、父にも隊長にも来てもらって、「じつはこのお二人から、トルコのカマン・カレホユック遺跡の隣に研究棟ほかをつくるという話が持ち込まれたのだけど、私は素晴らしい計画だと思うけれども、何といっても考古学は私の分野外だから、貴方たちが賛成するのならば私も納得するが、一体全体どう思うかね？」と皆に問いました。

当然さまざまな意見が出ましたが、最終的には全員一致で、「このような想像を絶する国際貢献には協力すべきですから、応援をすることにしましょう！」という話になりました。そこで皆がそこまでいってくれるなら音頭を取るから、大変な時期だけれど全国行脚《あんぎゃ》して皆様方の浄財を集めることにしました。

経済のことはよく分かりませんが、三十七年間以上も福祉の仕事をしていると、寄附金の出方でおおむね経済状況は判るようになります。

バブルのときは、通常「一本でいいですか？」といわれた場合「一〇〇万円」のことで、場合によっては「一〇〇〇万円」のこともありました。が、しかし、はじけたあとは大企業は「一〇万円」でも出し渋りますから、研究棟一式などという大きな建築物にいくら掛かるか見当もつきませんでしたので、当初の目標額を低目に見積もって「三億円」として、全国で以下のことを実施して資金集めをすることとしました。

気を遣ったのは、たとえば近ごろは福祉という言葉を使うと国民は割に簡単に納得してくださるようになりましたが、発起人代表の私が長いあいだ「父の学者などという分野には露ほども興味がない！」といいつづけていたのですから、突然「考古学」とか「アナトリア」といっても国民の方々にお判りいただけないわけで、まず募金以前の準備説明会開催をするところから始めました。

助かったのは、青少年育成の仕事で全国を回ったころからできつつあった、各地のトモさん軍団が積極的に動いてくれたことでした。

私と大村隊長が、地区ごとに十数名の有力者に集まっていただいて、まず私が建設の主旨と日土関係の話をする。そのあとで隊長が四十分ほど、スライドを使いながら「カマン・カレホユック遺跡の素晴らしさと重要性」を講演するというかたちをとりました。そこで、その後に皆で話し合いを繰り返し、参加者が納得してくださると、講演会・チャリティーコンサート・チャリティーゴルフ・バザー・オークション等を各地区で開催していただき、少しずつ資金を集める方法を取りました。

講演会での私と隊長の交通費と講演料は無論ノンギャラで持ち出しです。コンサート・ゴルフ・バザー・オークションもわれわれ福祉関係者は全国至る所で開催していますし、マニュアルブックまでありますから、すべてのノウハウは東京の募金委実行委員会が伝授します。

つまり地元は、場所の確保と人集めだけをお願いするという方法を取ったのです。「考古学」の金集めをよくお判りいただけない地方の方々に丸投げをしても腰が引けるだけでしょうから、この方法しかありません。

上記の各種イヴェントとその参加者は、数百カ所数万人になると思います。

建設計画

ともあれ思いがけなく感動したのは、当初想像していたように「考古学」などにはまったく興味を示してくれないだろうと思っていたわが国民の方々が、「歴史のロマン」に異常に思いを馳せてくださり、あらゆるイヴェントに積極的に参加してくださり、募金が順調に進んだことでした。三億円という当初目的は一年と少しであっという間に集まり、五億円まで集めることができ、われわれは大喜びをしたものです。

このデフレ不況の折、よくも集まったものだと心から感動しました。

初めのころの講演会は、私がイントロを十五分しゃべる。体調をくずした父のために三十分に編集した、歴史学者としての氏の講演をヴィディオにして流す。そしてトリは、現場監督の大村幸弘所長の五十分の講演がワンセットになったものを、全国で実施したわけです。

初めのころ私が口うるさく父と所長にいったのは、「貴方たちの話し方は、専門用語や年代をいとも簡単に紀元○○年などというが、お二方はいつもどんな講演会や講義でも、少なくとも歴史学・考古学の研究者の卵を相手にしているからそれでいいけれど、これから全国でやる実行委と各支部共催でやる講演会は『ド素人』が聞きにくるのだから、間違っても専門的な話に終始してはならん！」という注意でした。

たとえば「紀元〇〇年」と何げなくいうのではなく、いまから何千何百年前といえば、人々の耳に入りやすくなる、というようなことから、「ヒッタイト帝国では……が起きました」というときは、「それまで人類は青銅器しか製造していませんでしたが、ヒッタイト時代の人々は初めて鉄の精製に成功して、強力な武器を持ち、軽戦車まで持っていたから偉大な帝国を築くことができました」といえば、皆はなるほどと思うでしょうが、というふうにコーチするのです。

父は努力したようですが、歳が歳ですから、完全に私の満足な分かりやすい話にはなりませんでしたが、私と同年（六十三歳）の所長はずいぶん頑張って分かりやすいしゃべり方を学びましたし、間の取り方から、静かに垣々としゃべるべきときと、情熱を持ってしゃべるときの差をつけるなどということを割に早くマスターしましたので、全国の聴衆の方々は見入られたように、氏の話をじつに熱心に聴いてくださいました。

他のイヴェントにも私の考えたさまざまな金を集めるノウハウが入っていて、ほんとうに思いがけなく、あの時期では想像できないのですが、五億円があっという間に集まって、ほっとしました。

建設に関しては、現地の会社に実績が残らないと意味がありませんから、所長にしらみつぶしに調べてもらい、中堅の、軍の仕事を多く受け負っている「タンルクル」「アヌ」という建設会社と「ムラット・アルトゥ」という設計事務所を指名しました。ところが先方から、日本の建設会社とジョイントしたいというので、先方の希望する三社のなかから鹿島建設の故石川六郎氏にお願いして、監修というかたちで参加してもらうことになりました。日本での設計事務所は、入札で石本設計事務所が落とし、私の友人が社長でしたので、これも話がとてもしやすくなりました。

ここまではきわめて順調でしたが、ブッシュ大統領が起こしたイラク戦争のおかげで、まず石油が高騰し、その影響で確保しておいた資材が軒並み四〇%値上がりしたとの報告が入り、怒り狂いました。五億のはずが、七億必要だというのですから、怒り心頭に発したこともご理解いただけるでしょう。

ここから第三次募金を始めざるを得ず、全国ですでに浄財を下さった方々に二度と頼むわけにはいきませんから、大中小企業を問わず、頭を下げっぱなしで、トモさん軍団の子分衆のおかげもあり何とか追加の二億は目途がつき、やれやれと思っていたら、昨年末になってあと約五〇〇〇万が予算上足りないという連絡が入り、学者と設計事務所ならびに建設会社の計画の杜撰《ずさん》さにあきれ返り、第四次募金に現在取りかかりつつ、「本当に正しい予算を計上し、落とせるものは落としギリギリの予算をつくってこい！」と三者に怒りの檄《げき》を飛ばしたところです。

まったくあきれてものがいえないというのは、こういうことです！

福祉の原点

終わりに、福祉に関して言い足りなかったことを書き記して、長い長い補筆を締めたいと思います。

本文では、重要なポイントとして、①視診・問診・触診をすること。②一〇〇％の障害者も一〇〇％の健常者もいないのだから、CTスキャンのように、頭の天辺から足の裏側まで輪切りにしてみて、健常部分が五一％あればよいけれど、四九％しかなかったら、私のように癌患者兼身体障害者が日々続けているリハビリというトレーニングをしなければ本物の障害者になってしまう。

という二つの点を強調していると思いますが、ここでは、もう一つの重要なことを伝授しておこうと思います。

私の主宰する柏朋会で、昨年一年掛けて「福祉の非常識の数々」というシリーズを四回に分けて連載しました。

投稿してくれた人々は、施設入所の人々・在宅の人々・支援者・施設経営者・学者・研究者と、千差万別な方々に意見を述べていただいたのですが、結果として私は想像していたことながら、いささかガッカリしました。

三十七年前に、身障友の会の代表・故片岡みどり女史の理念と哲学、そして啓蒙活動と実践活動の素晴らしさに感動して、応援をするようになって以来、全国を巡回して女史の理念と哲学を説明しつづけてきましたし、亡くなられてからは、その理念と哲学に私流のノウハウをプラスアルファし、伝道師のごとく、全国都々浦々で啓蒙実践活動を繰り返してきたわけです。

しかしながら、連載に載っているさまざまな意見は、率直にいって「俺たちがこれだけ頑張って説明し実践してきたにもかかわらず、相変わらずこんな程度か！」でした。

もちろん、四十年近く前に片岡みどり女史が始めた時代と比較したら、当時女史だけしかいっていなかった、見事に先見の明のある福祉の実態は、ほとんど完成の域に近づいていると思います。もし女史がいまの状況を見たら涙を流して、「みんなよくやったわね！　私のいっていたことを見事に実現してくれました。心から感謝します！」といってくれるでしょう。

事程左様にハード面もソフト面も大きく変化し、ユニヴァーサルデザインも、障害機器のみならず高齢者・子供・妊婦・外国人等々、何らかのハンディキャップを持っているさまざまな人々のことをも考えたものを全国の企業が考えはじめ、つくりはじめるようになりましたから、そういう意味からいえば見事に進歩したといえるのです。

ただ、まことに残念なことは、前述したような都市計画から家庭内の細々とした機器・機材・交通手段とアクセス、各種従業員・職員たちの障害を持つ人々への支援のあり方等々、素敵なまでに進歩している部分がたくさんできてきたと同時に、皆が障害を持つ人々を認識するようになったゆえに、個々の対応が素人の悲しさでチグハグな行為となり、形は素晴らしいのですが中身がカラッポだったり、親切の押し売りになってしまっている場面が増えてしまったのも事実です。

駅にエレヴェーターやエスカレーターがついて、車いすの人々にとってもありがたい状況がせっかくできたのに、同乗している一般の人々の冷たい視線に堪えられないという場合がありますし、障害者優先が行き過ぎて、一般の人々はエスカレーターの横をトボトボ歩いて登るといった本末転倒な事例がいくつもあるようです。

要は、「仏造って魂入れず」の状態が至る所で見られるというアンケート結果でありました。

この部分が、前述した「俺たちがあんなに頑張ってやってきたのに、この程度か！」のグチにつながるのです。

これらの問題点の解決策はなかなか難しいところですが、一言・一文章でいうとすれば、「全国民が心と頭の中に根強く持っている、異質なものに対する『差別』と『区別』をある日一斉に忘れてしまう（消してしまう）ことしかない」と思います。

人類は、どの民族もどの種族も、文明国も発展途上国も、一人残らず「差別」と「区別」を必ず心と頭の中に持っているものです。

太古の昔から現在まで、このことは変化していません。

いまも各地で起きている戦争・紛争・テロ・飢餓等々の問題も、表面的には政治・経済・

宗教などが主因であるわけですが、「根っ子」は、人類の持つ「差別」と「区別」の成せる業です。

私はプロスキー教師を束ねている男であり、四十五年間指導法の研究をしてきた男です。スキー指導の場では、都会での（社会での）肩書・能力・氏素性・実力といったものはまったく考慮しません。

つまり、皇族でも極道でも社長でも平社員でも、教員でも生徒でも……、そしてもちろん障害があろうがなかろうが、若手であろうが高齢であろうが「差別・区別」せずに、全員にまず滑ってもらって、その人の「運動能力・体力・技術」を総合して、その時々で違いますが、A～E班までに分けるとか、教える種目別に分けたりします。通常われわれはこのことを「班別」をするといっています。

つまり社会的背景も、身体的背景も、スキーを学ぶうえには何の関係もなく、前記の「運動能力・体力・技術」のみで分別されているのです。

私は柏朋会会報で連載した「福祉の非常識の数々」を通読して、結局はこの方法しかないだろうと思うようになりました。

インタヴューを終えて

工藤美代子《くどうみよこ》

もう四年近く前になると思う。私はあるクリニックの応接間で、そこの院長先生のご紹介により、寛仁殿下とゆっくりお話をする機会を得た。

じつはこのときが初対面ではなかった。過去に二回ほど、殿下にお会いしたことがあった。まず、昭和四十七年の札幌オリンピックのときに、殿下は事務局におられて、私はコンパニオンとして働いていた。一度、何かの用事で事務局へ行き、短い言葉を交わした記憶がある。

当時、殿下はまだ独身で、オリンピックに関わる女性たちの憧れの的だった。たしかヨーロッパの王室の王子様で、オリンピックのコンパニオンをお妃に迎えた方がいた。そのため、

余計にコンパニオンの女性たちは殿下を特別な思いで見ていたのである。

しかし、殿下の名誉のためにも申し上げておきたいが、殿下がものすごく女性にもてたのは事実だったが、だからといってコンパニオンの女性たちと浮名《うきな》を流すようなことはなさらなかった。ほんとうに仕事一筋で、周囲の人たちがあきれるほど、よく働いておられた。

二度目にお会いしたのは、ある舞踏会だった。美しい妃殿下とお二人で優雅にダンスを踊られていた姿が眼に焼きついている。たまたまその舞踏会の主催者が私の姉夫婦だったので、殿下にご挨拶をして、一緒に写真を撮らせてもらった。

私が札幌のオリンピックで働いておりましたというと、「僕、いまと比べるとあのころは太っていたでしょう」といって微笑《ほほえ》まれた。たしかに病気をなさったあとの殿下は少し痩せられたように見えた。

二回とも私は緊張して頭を下げていただけだったから、もちろん殿下のほうは、こちらの顔などすっかりお忘れになっているだろうと思う。

そして、四年前にお会いしたとき、私は殿下の物腰があまりに若々しいのに驚いてしまった。

平成三年から、殿下が何度か癌の手術をなさったことは、新聞の報道や週刊誌の記事などで知っていた。そして、殿下がもう還暦に近いお歳であることも存じ上げていたのだが、動作も言葉もじつにきびきびとしていらして、下世話な表現をするのを許していただけるなら「若大将」といった雰囲気だったのである。

私はそのころ、大正天皇のお后にあたられる貞明皇后について調査をしていた。病気がちだった大正天皇を陰でしっかりと支え、近代皇室の基盤ともいえるものを築いたのが貞明皇后だった。私は貞明皇后に対しては深い畏敬の念を抱いていた。

ただ、困ったことに昭和二十六年に六十七歳でお隠れになった貞明皇后を直接に知っている人が、いまではほとんどいなくなってしまっていたのである。だから、文献などで残された資料以外に、直接そのお人柄を聞いて取材をすることができなかった。

そんな話を殿下に申し上げると、「うちの両親は貞明皇后をよく知っていますよ」とおっしゃった。

たしかに殿下の父宮は貞明皇后の一番下のお子さんである。そして母宮の百合子妃殿下は、民間の言葉でいうところの姑《しゆうとめ》にあたる貞明皇后をたいへんご尊敬だという話は、私も書物などから知っていた。

「それでは殿下、ぜひご両親様に貞明皇后のご遺徳を偲《しの》んで、その思い出をお話しいただけないか、お聞きしてみてくださらないでしょうか」と、私は厚かましくもお願いしたのである。

「いいですよ。機会があったら聞いてみてあげましょう」と殿下はいたって気さくにおっしゃった。


しかし、まさかほんとうに殿下がそれを実行してくださるとは、私は思っていなかった。いかに殿下がお忙しいかをよく知っていたうえに、私がそのお願いをして間もなく、殿下は体調を崩されて入院なさったからである。

ところが、三カ月ほどたったころに殿下がお電話をくださった。「工藤さん、いいニュースですよ。両親が貞明皇后について話してもよいといっています」とおっしゃるではないか。私はほんとうにわが耳を疑った。もう九十歳を超えておられる三笠宮崇仁殿下と、八十代も半ばの百合子妃殿下にお会いして、親しくお話を伺えるのだとしたら、それは奇跡に近いことだと思った。

しかし、とにかく寛仁殿下のお導きにより会見は実現し、私は『母宮貞明皇后とその時代――三笠宮両殿下が語る思い出』と題した一冊を平成十九年に上梓した。

ただ、そのときにはたと困ったのは、この出版が実現したのは寬仁殿下のお口添えのおかげだと明記すべきかどうかだった。

本来なら書くべきなのだが、そうすると寬仁殿下にご迷惑が掛かるのではないかと心配になった。殿下が特別なご配慮をしてくださったことを自慢しているように聞こえては、何より殿下に対して申し訳ないと考えた。また、このために多くの人々が殿下に何かをお願いするような先例をつくってしまう恐れもあると思った。

そこで、殿下のお骨折りについては何も触れずに前述の本を刊行した。しかし、いまとなると、そのことがほんとうに悔やまれてならない。なぜ、きちんと殿下に感謝の言葉を記さなかったのだろうと、忸怩《じくじ》たる思いである。

それだけに、今回はぜひとも殿下のおこころの広さを、はっきりと書き残しておきたいと初めから決心していた。

まず、私は殿下の自由闊達なお話しぶりにすっかり魅せられてしまい、貞明皇后の本を脱稿したあと、なんとか寬仁殿下のいままでの貴重なご体験をさまざまな角度から語っていただき、それを一冊の本に纏《まと》めることはできないかと考えた。

そこで、ＰＨＰ研究所の吉野隆雄編集局長にご相談すると、すぐに江口克彦社長のご許可を得て、同社が刊行している雑誌『ヴォイス』にインタヴューを連載させてもらうことになった。

だが、その時点で、私はまだ寛仁殿下からのご承諾はいただいていなかったのである。とにかく舞台だけは用意して、お出ましいただけるかどうかは殿下のご判断に委ねるということだった。

私は二つの目的があって、何としてでも殿下へのインタヴューを実現したいと願っていた。

第一には、殿下がこれまで私どもには想像もつかないような多彩な人生を歩まれてきたという事実である。

殿下は皇族として、ただ与えられたご公務をこなされるだけという受動的なお人柄の方ではなかった。反対にご自分からいろいろな世界に飛び込んで、じつに幅広い交友関係がおありで、普通の人の一〇倍以上の体験をなさっているように私の眼には映った。

それは、殿下が皇族でいらっしゃるという枠組みを超えて、一人の人間として、まさに優れた感性と行動力をお持ちだからにほかならない。その素晴らしい人間性に、活字を通して多くの日本人が触れる機会ができるなら、これほど幸せなことはない。

また、もう一つ重要な点があった。それは現在ほど皇室のありようが問われている時代はない。だからこそ殿下の歯に衣を着せないご意見を伺いたいところだったのである。皇族というお立場上、難しい側面もおありだと推察できるのだが、それにしても、現在の日本社会で、殿下くらい真剣に真正面から皇族の姿勢について考えておられる方はそう多くはないのではないかと私は思っていた。

なんとしても、いま非常に複雑な影を日本社会に投げかけている皇室問題についてのご解釈を伺いたかった。

そんな思いを手紙に綴《つづ》り、殿下にお手紙を出したのは一昨年の秋だった。

間もなく宮務官の方からお返事があり、お引き受けくださるという嬉しいお言葉をいただいた。

平成二十年一月号の『ヴォイス』から連載は始まった。月に一回、私と編集長、そして担当者の三人が参邸し、毎回テーマを決めてお談話をいただいた。

これは殿下と直接にお話をした経験のある方ならどなたでもご存知だろうと思うが、殿下は座談の名手でいらっしゃる。

深い知識と人間に対する洞察力に富んだ、なんとも機知にあふれるお話しぶりなのだ。

私は殿下のお談話を伺いながら、以前に同じような人にお会いして驚嘆したことがあるのを思い出していた。

もうかなり昔だが、作家の司馬遼太郎先生を囲んで「モンゴル会」なるものをつくっていたことがあった。司馬先生がモンゴルがお好きなため、同じようにモンゴルを愛する人々が一〇人ほども集まって、年に二、三回食事を共にした。ジャーナリストや外交官、学者、編集者など多彩な顔ぶれだった。私もその末席に連なっていたのである。

このときの司馬先生のお話はまさに興味が尽きないもので、どんなに難しい内容でも非常にわかりやすくお話しなさった。

司馬先生の座談を聞くことのできる自分は幸運だとつくづく思った。

殿下にお話を伺っていたとき、私はその司馬先生の面影を、殿下のお話しぶりから感じ取ったのである。

殿下はたいへんに博識でいらっしゃるが、それをひけらかそうなどというお気持ちは微塵《みじん》もない。むしろ、私のように無学で無教養な者にでも理解できるように、なるべくやさしい言葉をお選びになって、ゆっくりとご説明くださる。

しかも、その言葉のテンポがなんとも歯切れがよくて、爽快に響くのである。

失礼ながら、これだけ話術が巧みな方は、いまの日本にはなかなかいないのではないかと思った。私はインタヴューのときに、仕事中であるにもかかわらず、お腹を抱えて大笑いをしてしまったことが何度もあった。

まさに上質のユーモアのセンスを殿下がお持ちなので、お目に掛かっている時間はいつも楽しく、また有意義なものだった。

あるとき、私はつい自分の立場も忘れて、「殿下はほんとうに人間を見抜くお力がおありですねえ」といってしまった。

いまから考えると畏れ多いことなのだが、殿下のある人物に対する論評が、まさに的を射たものであり、しかも寸鉄人を刺すがごとき鋭さがあったから、つい本音を口にした。

すると殿下が、「それくらいのことがわからなかったら皇族はやっていられませんよ」と即座におっしゃった。

私は、その切り返しの見事さに、また感心してしまった。なんと聡明でいらっしゃるのだろうと思った次第だ。

それとともに、思いがけない発見だったのは、どんな質問にでも、殿下が丁寧に真っ直ぐに答えてくださったことだ。

こんなことを伺ったら殿下がご気分を悪くされるのではないかと、内心では冷や冷やしながらお聞きしたことでも、お怒りになるような素振りはまったくなく、冷静にきちんとお答えくださった。

その理由を、私は何回目かの取材で知ることとなる。

それは殿下が母校である学習院について語られた際だった。殿下は学習院で学ばれたことをたいへん誇りに思っていらっしゃるようで、そのお言葉の端々からも深い愛校精神が感じ取れた。

そして、学習院で学んだ一番大切なことは、とにかく正直であれということだとおっしゃった。だから色紙を書いてくださいと頼まれると「正直」と書くのだという。

もちろん、私たちは子供のころに教師や両親から正直であれと教えられる。だが、人間は歳を取るとともにその言葉を忘れ、むしろ正直ではないほうが生き方が上手《うま》いと思われたりする。そして、いつしか嘘をつくのが平気になってしまう。

しかし、殿下はご幼少のころに教えられた正直であれという学習院のモットーを、現在にいたるまで忘れずに、しっかりと守っておられる。

だからこそ、私がどんなに不躾《ぶしつけ》な質問をしても、いつも正直にお答えくださるのである。

なるほど、正直ほど確かな生き方はないのだと、私はあらためて実感した。

これについては、面白い出来事があった。殿下に最初にインタヴューに伺ったときのことである。まずは札幌オリンピックの思い出話をしていただくつもりで、「じつは私は、札幌オリンピックでコンパニオンとして働いておりまして……」と切り出したら、殿下が私の方をじっとご覧になって、「その顔で?」とお尋ねになった。

殿下がご不審に思われたのも無理はなく、あのころ、オリンピックのコンパニオンは語学堪能なうえに容姿端麗な女性が選ばれるといわれていたのである。

実際には私のように不細工で英語もろくに話せない娘も入っていたのだが、それにしても、なぜ、こんな不美人がコンパニオンに選ばれたのだろうと殿下は不思議に感じられたのだ。

そのお言葉に同席していた『ヴォイス』の編集長は「アハハハ」と笑いが止まらない様子だった。

このように正直にご自分の疑問を口になさるところが、いかにも殿下らしいと、私は後に学習院時代の回想を伺って、つくづくと納得したのだった。

そんなわけでインタヴューの時間はいつでも楽しく、瞬《また》く間に時間が過ぎてしまった。どの回も思い出深いお談話をいただいたと思うのだが、私にとってとりわけ興味深かったのは、殿下のイギリス留学時代のエピソードの数々だった。

ご留学中に二十四歳のお誕生日を迎えられたという殿下は、まさに青春の真っ盛りを過ごしておられた。ガールフレンドについても数々の武勇伝があり、それも「日本男児ここにあり」ともいうべき見事な戦績であり、頼もしいかぎりのお話だったが、私が何よりも感服したのは、殿下の語学力の豊かさだった。

私自身、外国で暮らした経験があるのでよくわかるのだが、人間は英語圏の国に生活したからといって、必ずしも英語が流暢になるわけではないのだ。その証拠に、私は若いころ十年以上もカナダで暮らしていたが、ほとんど英語が話せない。もちろん読み書きは論外だ。外国人を見るとなるべく傍に近づかないようにしている。それほど語学というのは生易しいしろものではない。

ところが殿下はたった二年半の留学生活で、イギリスの上流社会から一般の人たちまで幅広くお付き合いをなさり、完璧な語学力を身につけられたのである。私は自分が英語でさんざん苦労をしただけに、殿下の語学力がいかに優れたものであるかを理解できるので、殿下に対する尊敬の念はいっそう深まった。

本来なら殿下のご専門の福祉に関するご活動や、スポーツについての技術的な問題などをもっとお尋ねするべきだったのだが、私自身の知識がないために、専門的な突っ込んだ部分までお聞きできず、もったいないことをしてしまった。その点については、殿下にも読者にもお詫びを申し上げたい。

順調に進んでいた雑誌連載だったが、昨年の春に殿下がご入院なさり、喉の手術をなさるという思いがけない事態が起きた。

それまでに殿下はときには三時間近くもお話をしてくださったことがあり、すでに何本かの原稿のストックはあったものの、ゲラにお目を通していただくことができず、二回ほど休載となってしまった。

しかし、少しご体調が恢復《かいふく》されると、まだご入院中にもかかわらず、ゲラにお目通しくださり、肌理《きめ》細やかなお手入れをなさってくださった。私も『ヴォイス』編集部も、すっかり感激したのはいうまでもない。

どんな小さなことでも疎《おろそ》かにはなさらない殿下のご性格によるものであろうが、ご病気のときでさえ丁寧に原稿を見てくださるお気持ちが、私には限りなくありがたく感じられた。

さて、昨年の七月に退院なさった殿下だが、今度はご発声が難しい状況になってしまった。インタヴューをどのように続けたらよいものかと思案に暮れていたところ、殿下から、質問事項を書いて提出すればお返事をくださるという親切なご提案をいただいた。

たいへん感謝すべきことだが、私はいままで、殿下の話術の巧みさにすっかりお頼りして、いつもインタヴューの席ではお談話に耳を傾けてばかりいるという、まことに不甲斐ないインタヴュアーだったので、文字にして質問をということになると、はたと困ってしまった。

それでも、なんとかいくつかの質問をつくってみたが、殿下としては、さぞやつまらないことを聞いていると感じられたのではないかと、いまでも冷や汗が出る思いである。

拙《つたな》い私の作文に、殿下はこちらが恐縮するほど丁寧に長文のお返事をくださった。しかも、それがまことに自然な文体で、まるですぐ近くで殿下のお声を聞いているようなのである。

私は殿下が最初に執筆された『トモさんのえげれす留学』（昭和四十六年刊）を拝読したときから感じていたことだが、殿下には非凡な文才がおありになり、ご自分のお気持ちを洒脱《しやだつ》な文章で表現なさるのが、なんともいえずお上手なのだと、あらためて舌を巻いた。

その他にも殿下の書かれた本はすべて拝読したが、まさにお人柄そのもので、はっきりと明快な文章でご意見を発信しておられた。

私が個人的に興味を持ってお尋ねしたかった事項は数多くあったが、とくに女帝に関するご意見をもう一度、きちんと伺っておきたかった。

すでに殿下はこの問題に関しては複数のメディアでご発言だったが、今回もはっきりと女性の天皇を認めるわけにはいかないとおっしゃり、その理由を私などにも理解できるようにご説明くださった。

そのうえで、将来の天皇は秋篠宮家の悠仁親王であると断言なさった。これはたいへんに重要な点だと私は思っている。

かつて殿下は、昭和天皇が崩御になったあとに出版された『思い出の昭和天皇』という本のなかで次のように書いておられる。

「いま、昭和天皇という偉大なる巨星を失い、高松宮殿下という、言葉は悪いが、皇室の屋台骨を支えておられた、大番頭を失って、正直なところ、皆さまがたもいささか途方に暮れられておられると思う。これから新天皇皇后両陛下を、皇太子殿下をはじめとする全皇族がお助けして、平成の御世の正しいカジ取りに立ち向かわなければならない。正念場であると思う」

この文章に殿下のお気持ちは尽くされているといえる。平成の世で「正しいカジ取り」に立ち向かっておられるのは、まさに寛仁殿下でいらっしゃる。そのご努力はずっとこれからも続くことだろうと私は確信している。そして日本国民の一人として、そんな殿下に衷心からの感謝を捧げたい。

平成二十一年二月

〈著者略歴〉

寛仁親王（ともひとしんのう）

昭和二十一年（一九四六）一月五日、三笠宮崇仁《たかひと》親王殿下（大正天皇第四皇男子）の第一男子としてお生まれになる。昭和四十三年（一九六八）学習院大学法学部政治学科を卒業後、英国オックスフォード大学にご留学。帰国後、冬季五輪札幌大会事務局の主事として、また沖縄国際海洋博覧会世界海洋青少年大会の運営本部長としてご勤務。昭和五十五年（一九八〇）麻生信子様（麻生セメント会長・故麻生太賀吉の第三女子）とご結婚。昭和五十六年（一九八一）十二月二十日に彬子《あきこ》女王殿下、昭和五十八年（一九八三）十月二十五日に瑶子《ようこ》女王殿下のお二人のお子様がご誕生。

六十三歳であられる現在、福祉団体「柏朋会」会長のほか、社会福祉法人「友愛十字会」、社団法人「日本職業スキー教師協会」、財団法人「新技術開発財団」など八つの団体や法人の総裁を、また社団法人「日英協会」、同「日本ノルウェー協会」などの名誉総裁を務められ、障害者福祉、スポーツ振興や青少年育成など幅広い分野でご活躍されている。スポーツ万能であられ、『雪は友だち』『癌を語る』『皇族のひとりごと』などのご著書も多い。「ヒゲの殿下」の愛称で国民に親しまれる。

工藤美代子（くどう みよこ）

昭和二十五年（一九五〇）東京生まれ。ノンフィクション作家。ヴァンクーヴァのコロンビア・カレッジを卒業後、カナダ在住。平成三年（一九九一）『工藤写真館の昭和』で講談社ノンフィクション賞受賞。平成五年（一九九三）帰国。著書に『ラフカディオ・ハーンの生涯』三部作、『野の人會津八一』『海燃ゆ——山本五十六の生涯』『われ巣鴨に出頭せず——近衛文麿と天皇』『母宮貞明皇后とその時代——三笠宮両殿下が語る思い出』など多数。

本書は、ＰＨＰ研究所発行の月刊誌『ヴォイス』に平成二十年一月号から十二月号にかけて一〇回連載された「思い出の人、思い出の時」にご加筆いただいて編集した。

皇族の「公《おおやけ》」と「私《わたくし》」
思い出の人、思い出の時

2009年4月6日　第1版第1刷発行

著　者　寛仁親王
　　　　工藤美代子
発行者　江口克彦
発行所　PHP研究所
東京本部　〒102-8331　東京都千代田区三番町3-10
学芸出版部　☎03-3239-6221(編集)
普及一部　☎03-3239-6233(販売)
京都本部　〒601-8411　京都市南区西九条北ノ内町11
PHP INTERFACE　http://www.php.co.jp/

組　版　有限会社エヴリ・シンク
印刷所　大日本印刷株式会社
製本所　大日本印刷株式会社

ISBN978-4-569-70630-6